교회의
시간

교회의 시간

2025년 3월 14일 초판 1쇄 인쇄
2025년 3월 21일 초판 1쇄 발행

지은이 이종태
펴낸이 박종현

(주) 복 있는 사람
주소 서울특별시 마포구 연남동 246-21(성미산로23길 26-6)
전화 02-723-7183(편집), 7734(영업·마케팅)
팩스 02-723-7184
이메일 hismessage@naver.com
등록 1998년 1월 19일 제1-2280호

ISBN 979-11-7083-249-2 03230

예수를 깊이 생각하는 절기 설교 / 이종태

교회의 시간

복 있는 사람

차
례

서문

주현절, 사순절, 부활절 등과 같은 교회력 절기들은 그리스도인의 삶과 교회의 삶을 '그리스도 중심적'으로 만들어 주는 장치입니다. 그런 절기들은 우리로 '그리스도 사건', 즉 그분의 오심과 죽으심과 부활하심을 기억하고, 그 의미와 신비에 대해 깊이 생각해 보게 만들어 주기 때문입니다. 그리스도인이라면서, 그리스도의 몸의 지체라면서, 우리는 정작 그리스도의 의미와 신비에 대해서는 별다른 생각을 하지 않고 신앙생활하기 쉽습니다. 그 대신 '비전'이나 '목적'이랄지, 내가, 우리 단체가 '그리스도를 위해' 하고 있다(고 스스로 믿)는 일에 대한 생각에 사로잡혀 살 때가 많은 것이지요. 하지만 영적인 삶은 우리가 그리스도를 위해 하고 있는 일이 아니라, 그리스도께서 우리를 위해 하셨고, 하실 일에 우리의 생각이 사로잡힐 때 시작됩니다.

이 책은 제가 그동안 절기 때 교회 강단에서 전했던 설교와, 「기독교사상」에 '교회력 영성으로 읽는 성서'라는 제목으로 연재했던 글을 기반으로 하고 있습니다. 절기 설교를 준비하기 위해 성경을 연구하고 묵상하는 일은 제게 더없이 유익한 영성 훈련이 되었습니다. 성경 말씀의 종국적 의미이자 이 세계의 궁극적 신비인 그리스도에 오롯이 초점을 맞추는 훈련이었기 때문입니다. 해마다 돌아오는 절기는 우리로 그리스도의 의미와 신비 안으로 더 깊이 들어가게 해주는 초대입니다. 같은 절기를 새로운 깨달음과 더 깊은 감격으로 맞이하게 될 때면, 시간에는 길이뿐 아니라 '깊이'가 있다는 것을 알게 됩니다. 그리스도 안에서 열리게 되는 시간의 깊이 말입니다.

쳇바퀴처럼 돌던 시간이 영원을 만나면 원무圓舞처럼 율동하는 시간이 됩니다. 교회력은 우리로 그리스도 안에서 구속받은 시간redemption of time을 살게 해주는 시간 리추얼입니다. 아무쪼록 이 책이 시간을 새롭게 하고 평범한 일상을 비범한 의미로 범람케 하시는 그리스도를 증언하는 글로 읽히기를 바라고 기도합니다.

출간을 제안해 주신 복 있는 사람 박종현 대표님과, 『경이라는 세계』 때와 마찬가지로 탁월한 수고를 기울여 주신 문준호 팀장님과 주예경 편집자님, 그리고 채승 디자이너님께 감사의 말씀을 드립니다. 설교자의 이야기에 믿음으로 귀 기울여 주시고, 교회의 시간 속으로 들어가는 여정을 함께 걸어가 주신 상항한인연합장로교회 성도님들, 서울여대대학교회 청년들에게 이 책을 헌정합니다.

2025년 재의 수요일(3월 5일)
이종태

일러두기

이 책에 인용된 성경구절은 『개역개정』을 사용했으며, 다른 번역본일 경우 별도로 표기했다.

사순

'주님께서
사랑하시는 사람'도
병이 드나요?

강보와 세마포

❖

성서를 읽다 보면 어떤 단어나 어구에 뜻하지 않게 눈이 머물게 되는 경우가 있습니다. 다른 때는 그냥 예사롭게 지나쳤던 단어나 어구인데, 웬일인지 그 단어나 어구가 우리의 시선을 끕니다. 어느 날 저는 요한복음 19장을 읽다가, 전에는 무심히 지나쳐 버렸던 한 어구에 저도 모르게 눈이 오래 머물게 되는 경험을 했습니다. 바로 다음 구절입니다.

> 이에 예수의 시체를 가져다가 유대인의 장례 법대로 그 향품과 함께 세마포로 쌌더라. 요 19:40

세마포에 싸여 계신 예수님. 이 구절을 읽는 순간, 제 마음속에 떠오른 다른 성경구절이 있었습니다.

> 첫아들을 낳아 강보로 싸서 구유에 뉘었으니 이는 여관에 있을 곳이 없음이러라. 눅 2:7

강보에 싸여 있는 아기 예수님. 이 두 구절에 공통적으로 담겨 있는 표현이 있는데, 알아보시겠습니까? 바로 '싸여 있다'는 어구입니다. '싸여 있다'는 말은 자기가 입은 것이 아니라 누군가가 싸주었다는 것을 의미합니다. 예수님이 스스로 강보를 걸치신 것이 아니라, 예수님의 부모가 예수님을 강보로 싸주었습니다. 그도 그럴 것이, 그 당시 예수님은 갓난아기였기 때문입니다. 또 예수님이 스스로 세마포 수의를 입으신 것이 아니라, 제자들이 예수님을 세마포로 싸주었습니다. 그때 예수님은 죽으신 상태였기 때문입니다.

예수님이 하나님의 아들이시지만 사람이 되어 오셔서 사람의 삶을 사셨다는 것. 그냥 사람인 척하신 것이 아니라 처음부터 끝까지 사람의 삶을 고스란히 남김없이 사셨다는 것. 우리가 믿는 이 놀라운 복음 사건을 이처럼 생생하게 보여주고 우리 마음에 절절하게 와 닿게 해주는 구절이 또 있을까 하는 생각을 해 봅니다. 지금 한번 마음속에 그림을 그려 보시기 바랍니다. 아기로서 강보에 싸여 계신 예수님. 그리고 시신이 되어 세마포 수의에 싸여 계신 예수님.

인간이란, 인간의 삶이란 무엇입니까? 여러 말들을 할 수 있을 것입니다. 또 철학자들이, 신학자들이, 사상가들이 그간 여러 말들을 해왔습니다. 일리 있는 말들을 많이 해왔습니다. 하지만 여러분, 인간에 대한, 인간의 삶에 대한 이런 정의는 어떻습니까?

인간이란 자기가 입는 최초의 옷과, 또 자기가 입는 최후의 옷은 스스로 입지 못하는 존재다.

우리는 여러 옷을 입으며 살아갑니다. 학생복도 입고, 제복도 입고, 잠옷도 입고, 나들이복도 입고, 결혼 예복도 입고, 작업복도 입고, 또 신사복도 입고, 숙녀복도 입고 그렇게 살아갑니다. 어떤 의미에서 산다는 것은 옷을 입으며, 제 손으로 여러 옷을 갖춰 입으며 산다는 것이라고 할 수 있겠습니다. 오늘 아침만해도 저는 제 손으로 정장을 걸쳐 입고, 넥타이를 매고 이렇게 설교단에 서 있습니다. 거울을 보면서, '어디, 근사해 보이나? 목사처럼 보이나?' 이렇게 생각하며 옷매무새를 가다듬었습니다.

그러나 성서가 보여주는 인간은 무엇입니까? 인간은 자신의 최초의 옷과 최후의 옷은 제 손으로 입지 못하는 존재입니다. 이런저런 옷을 제 손으로 갖춰 입으며 살아가지만, 인간은 누구랄 것 없이 모두 벌거벗은 채로 이 세상에 태어나고, 그 벌거벗은 몸을 가려 줄 옷을 스스로 입지 못합니다. 또 인간은 누구랄 것 없이 모두 죽어 벌거벗겨지며, 그 벌거벗은 몸을 가려 줄 옷을 스스로 입지 못합니다. 그는 **싸입니다**. 강보에 싸이고 세마포에 싸입니다.

강보에 싸여 있고 세마포에 싸여 있는 그리스도의 모습에서 여러분은 무엇을 보십니까? 저는 그리스도의 그런 모습을 우리에게 보여주시면서, 하나님께서 우리에게 이렇게 말씀하시는 것 같습니다.

보라, 인간이다, Ecce Homo 요 19:5 참조

이것이 인간이다. 이런 것이 인간의 삶이다.

인간의 삶이란 무엇입니까? 벌거벗은 채 이 세상에 태어나서, 또한 벌거벗은 채 이 세상을 떠나는 것이 바로 인간의 삶입니다. 인간은 아담이며, 아담처럼 벌거벗은 존재입니다.

인생은 죽음에 둘러싸여 있습니다. 처음부터 끝까지, 고스란히, 남김없이. 인간은 살아가다 어느 순간 죽는 것이 아닙니다. 인간은 태어나면서부터 **죽어갑니다**. 죽음을 향해 가고 있기 Sein zum Tode 때문입니다. 죽음을 향해 한 걸음 한 걸음, 한 시간 한 시간, 다가가고 있기 때문입니다. 아니, 죽음이 매순간 우리에게 그렇게 가까이 다가오고 있기 때문입니다. 모든 인생은 시한부 인생입니다.

> 목숨은 태어날 때부터
> 죽음의 기저귀를 차고 나온다.
> 아무리 부드러운 포대기로 감싸도
> 수의壽衣의 까칠한 촉감은 감출 수가 없어
> 잠투정을 하는 아이의 이유를 아는가(이어령, 『메멘토 모리』).

사순절Lent이 시작되는 수요일은 '재의 수요일Ash Wednesday'이라 불립니다. 재의 수요일에 많은 교회들은 그리스도교의 오랜 전통을 따라 특별한 예禮를 행합니다. 바로 기도하러 모인 성도 한 사람 한 사람의 머리에 재를 뿌리거나 이마에 재로 십자가 모양을 그려 주며 예배 집례자가 이런 말씀을 선포합니다.

너는 흙이니 흙으로 돌아갈 것이니라.

창세기 3:19의 말씀입니다. "Ashes to ashes, dust to dust."
하나님의 말씀입니다. 아담을 향해 하시는 하나님의 말씀, 인간
을 향해 하시는 하나님의 말씀, **죽어가는** 인생을 향해 하시는 하
나님의 말씀입니다. 이 말씀을 듣고 떠는 존재, 그가 바로 **인간**
입니다. 하나님의 아들이 구원하러 오신 인간입니다.

눈물을 쏟으시다

어떤 이가 병들어 앓았습니다.
나사로였습니다. 주님이 사랑하시는 이, 나사로였습니다.

주님, 보십시오. 주님께서 사랑하시는 사람이 앓고 있습니다. 요 11:3.
새번역

나사로의 누이들이 예수님께 사람을 보내어 전한 말이었지
요. "주님, 보십시오. 주님께서 사랑하시는 사람이 앓고 있습니
다."
"주님께서 사랑하시는 사람"도 병이 드나요? 예수님이 사랑
하시는 이도 병들어 앓습니까?
그렇습니다. 예수님이 사랑하시는 이도 병들어 앓습니다.
병들어 앓다가 죽습니다. 예수님이 사랑하시는 이, 나사로는 병
들어 앓았고, 죽었습니다. 죽어 무덤에 묻혔습니다.
무덤에 묻힌 나사로의 몸. 썩습니다. 썩어 냄새가 납니다. 썩
는 냄새가 납니다. 무덤굴을 막은 돌을 옮겨놓으라는 예수님의

말씀에 나사로의 누이 마르다가 이렇게 말합니다.

주님, 죽은 지가 나흘이나 되어서, 벌써 냄새가 납니다.39절, 새번역

성서의 말씀은 얼마나 리얼한지요. 얼마나 적나라한지요. 죽음이란 썩는 것입니다. 죽는다는 건, 썩는다는 것입니다. 썩어 냄새나게 된다는 것입니다. 썩는 냄새가 나게 된다는 것입니다.

인간은 죽고, 죽어 썩고, 썩는 냄새를 풍깁니다. 죽고, 죽어 썩는 냄새를 풍기지 않을 인간이 있을까요?

도스토옙스키의 소설 『카라마조프 가의 형제들』을 보면 조시마 장로라는 인물이 나옵니다. 수도자였고 성자였습니다. 온 마음에 사랑이 가득하고 온몸으로 사랑을 발산하는 듯한 성자Saint였습니다.

그런데 그 성자의 죽음 직후 적잖은 소란이 일어났습니다. 그의 시신에서 나는 심한 악취 때문이었습니다. 사람들은 그토록 거룩한 사람이었던 성자 조시마 장로의 시신에서는 신비로운 향기가 풍기거나, 아니면 적어도 일반인의 경우보다 훨씬 늦게 시신이 썩기 시작하리라 기대했습니다. 그런 기적을 기대했습니다.

그런데 그런 기적은 일어나지 않았습니다. 그리스도는 그런 기적을 행하지 않으셨습니다. 조시마 장로가 사랑했던 그리스도, 또 그 성자를 사랑했던 그리스도는 그런 기적을 행해 주지 않으셨습니다.

대신 그리스도께서는 사람들이 인생의 진실을 있는 그대로

보게 해주셨습니다. 인생의 진실, 그 리얼한 진실, 적나라한 진실, 무엇인가요? 죽음입니다. 죽음의 냄새, 악취입니다. 죽음은 악취를 풍깁니다. 그렇게, 죽음은 악입니다. 성서는 죽음을 악이라고 말씀합니다. 성서는 죽음을 나쁜 것이라고 말씀합니다. 성서는 죽음을 원수라고 말씀합니다.고전 15:26 원수, 인간의 원수, 하나님의 원수라고 말씀합니다. 싸워야 할 원수, 싸워 물리쳐야 할 원수라고 말씀합니다.

어떻습니까? 이런 성서의 말씀은 현인들, 철학자들의 말과 참 다르지요? 동서양의 많은 현인들, 철학자들이 우리에게 자주 하는 말이 있지요. **죽음을 받아들이라**는 말이 그것입니다.

죽음을 받아들여라. 순순히 받아들여라. 그것이 성숙이다. 깨달음이다. 영성이다. 죽음은 지극히 정상적인 것이다. 지극히 자연스러운 것이다. 자연으로 돌아가는 것일 뿐이다. 자연에서 온 인간, 자연의 산물인 인간이 다시 자연으로 돌아가는 것일 뿐이다. 그렇게 자연스러운 것이다. 낮이 자연히 밤이 되듯이. 그러니 순순히 받아들여라. 낮을 보내고 밤 속으로 들어가듯이 그렇게 순순히 그 밤 속으로 들어가라. 그 편한 밤, 그 '굿나잇' 속으로 순순히 들어가라.

그러나 이런 성숙한 어른들의 깨달음의 말씀을 쉽게 받아들이지 못하는 이들이 있습니다. 바로 어린아이들입니다. 또 **어린아이 같은** 이들입니다.

어린아이 같았던 영국 시인 딜런 토마스Dylan Marlais Thomas (1914-1953)의 시 중에 이런 시가 있습니다. 시인은 죽음에 대해, 죽음을 앞두고 있는 인간을 향해 이렇게 노래합니다. 아니, 외칩니다.

순순히 그 편한 밤 속으로 들어가지 마라.

빛의 스러짐에 분노, 분노하라.

Do not go gentle into that good night.

Rage, rage against the dying of the light.

시인이 말하는 '편한 밤'이란, '빛의 스러짐'이란 죽음을 말하는 것이지요. 시인은 말합니다. 아니, 외칩니다, 그 편한 밤 속으로 순순히 들어가지 마라. 빛의 스러짐에 분노, 분노하라.

죽음에 분노하라는 말이지요. 본문 말씀에서 우리는 죽음에 대해 분노했던 한 사람을 만납니다. 바로 예수 그리스도이십니다.

예수께서 베다니에 오셨습니다. 마르다, 마리아, 나사로의 집이 있는 동네 베다니에 오셨습니다. 마리아가 마중을 나왔습니다. 마중을 나온 마리아, 예수님 앞에서 울음을 터뜨립니다. 마리아를 따라온 이들, 마리아를 위로해 주러 온 이들, 그들도 따라 울었습니다. 그들이 우는 것을 보신 예수님, 성서는 뭐라고 말씀하나요?

우는 것을 보시고, 마음이 비통하여 괴로워하셨다. 요 11:33, 새번역

마음이 비통하여 괴로워하셨습니다. 예전 개역한글 성경에는 이렇게 번역되어 있습니다.

심령에 통분히 여기시고 민망히 여기사.

여기서 "통분히 여기다"로 번역된 말은 헬라어로 '엠브리마 오마이'인데, 이를 직역하면 **화가 나 씩씩거린다**는 말입니다.

화가 나 씩씩거리다. 화가, 노怒가 머리끝까지 오른 사람의 모습을 그야말로 리얼하게 묘사해 주는 적나라한 말이지요. 그 리얼함, 그 적나라함이 지금도 많은 성경 번역자들을, 점잖은 학자들을 당황하게 만들고 있습니다.

예수님이 화가 나셨습니다. 화가 나 씩씩거리셨습니다. 무엇에 그렇게 화가 나신 것일까요? 어떤 신학자들은 예수께서 죽은 사람도 살려 주시는 자신의 능력을 믿지 못하는, 인간들의 그런 불신앙에 화가 나셨다고, 노하셨다고 말하기도 합니다. 그러나 과연 그럴까요? 성경 말씀을 더 읽어 보려 합니다. 화가 잔뜩 나신 예수님이 이렇게 물으십니다.

그를 어디에 두었느냐?

그러자 사람들이 대답합니다.

주님, 와보십시오.

그다음 말씀이 무엇인가요? 성서는 말씀합니다.

예수께서는 눈물을 흘리셨다.

예수께서 눈물을 흘리셨습니다. 왜 눈물을 흘리셨을까요?

이런저런 생각을 해볼 수 있지만, 현장에서 예수님을 지켜본 이들은 이렇게 말했습니다.

보시오, 그가 얼마나 나사로를 사랑하였는가! |36절, 새번역

네, **사랑** 때문이었습니다. 예수께서 눈물을 흘리신 것은 사랑 때문이었습니다. 어떤 사랑 때문이었나요? **죽음을 받아들일 수 없는** 사랑 때문이었습니다. **죽음을 결단코 받아들일 수 없는 사랑, 사랑하는 이의 죽음을 결단코 순순히 받아들일 수 없는** 사랑 때문이었습니다. 또 사랑하는 이의 죽음을 받아들일 수 없어 우는, 그 눈물들 때문이었습니다. 그렇게 우는 이들을 향한 사랑 때문이었습니다.

분노 때문이었습니다. 죽음에 대한 분노 때문이었습니다. 사랑하는 이에게서 사랑하는 이를 빼앗아가는 죽음에 대한 분노 때문이었습니다. 죽음에 대한, 죽음의 권세에 대한, 사망 권세에 대한, 지옥 권세에 대한, 마귀 권세에 대한 분노 때문이었습니다.

죽음을 보시며, 죽음의 현실 앞에서 분노의 눈물을 흘리시는 예수 그리스도의 모습은 죽음 앞에서 의연하기만 한 현자들, 철학자들의 모습과 사뭇 다릅니다. 예수 그리스도는 철학자가 아니셨기 때문입니다. 예수 그리스도는 현자가 아니셨기 때문입니다. 예수 그리스도는 **용사**이셨기 때문입니다!

용사! 싸움하는 용사, 싸움하러 오신 용사, 죽음과 싸워 이기기 위해, 꺾기 위해 이 세상에 오신 용사이셨기 때문입니다.

그리스도는 죽음을 미화시켜 주기 위해 오신 분이 아니라, 죽음을 꺾고 이기기 위해 이 세상에 오신 분입니다.

예수님은 용사이십니다. 생명의 용사이십니다. 왜냐하면 예수님은 죽음에 길들어 있지 않은 사람이시기 때문입니다. 예수님은 죄의 삯인 죽음에 길들어 있지 않은 사람이시기 때문입니다. 예수님은 죽음에, 죽음의 권세에, 죽음의 문화에 길들어 있지 않은 사람이시기 때문입니다. 그래서 예수님은 저항하십니다. 분노하십니다. 분노의 눈물을 흘리십니다. 사랑에서 나오는 눈물. 거룩한 사랑에서 나오는 거룩한 분노의 눈물憤淚을 흘리십니다.

이 눈물을 쏟으셨습니다. 십자가로 가시는 길에서. 물과 피를 쏟으실 십자가로 가시는 길에서. 물과 피를 쏟는, 다 쏟는 그 죽음으로, 그 거룩한 사랑의 죽음으로 마침내 죽음을 죽이실 그 십자가로 가는 길에서 눈물을 쏟으셨습니다.

눈물을 쏟으시며 그 길로 가셨습니다. 아니, 그 눈물이 주님을 그 길로 이끌고 가셨습니다. 요한복음서가 뭐라고 말씀하나요? 베다니에 오신 예수님, 예수님은 죽기를 각오하고 오신 것입니다. 예수님은 아셨습니다. 베다니로 가 나사로를 살리면, 결국 그 일로 인해 자신이 죽음의 세력의 미움을 받아 죽임을 당하게 되리라는 것을 아셨습니다.

아셨지만, 오셨습니다. 사랑하셔서, 오셨습니다. 사랑하셔서, 죽으러 오셨습니다. 베다니, '고난의 집', '질고의 집', '아픔의 집' 베다니로. 사랑하시는 이들이 사는 곳, 사랑하시는 이들이 병들어 앓고 있는 곳, 사랑하시는 이들이 울고 있는 곳으로.

울어 주시기 위해, 함께 울어 주시기 위해, 닦아 주시기 위해, 우리의 눈물을 닦아 주시기 위해, 당신의 눈물로 우리의 눈물을 닦아 주시기 위해 오셨습니다.

어떻게 그럴 수 있느냐고요? 어떻게 눈물이 눈물을 닦아 줄 수 있느냐고요?

가본 적이 없으시군요, 베다니에. 그 고난의 집, 질고의 집, 아픔의 집에. 고난 가운데 있는 집에, 질고를 겪고 있는 집에, 아픔이 있는 집에 가본 적이 없으시군요.

심방 가본 적이 없으시군요. 사랑을 가지고, 예수님의 사랑을 가지고 심방 가본 적이 있으면 알 것입니다. 어떻게 눈물이 눈물을 닦아 줄 수 있는지. 어떻게 우리가 울 때 함께 울어 주시는 예수님의 눈물이 우리의 눈물을 닦아 주시는지. 어떻게 사랑이, 눈물을 쏟는 사랑이, 물과 피를 쏟는 사랑이 죽음을 이기는지, 죽음을 이기고 부활을 살게 하는지, 벌써부터 부활을 살게 하는지 알 것입니다.

아르스 모리엔디

마르다와 마리아의 눈물을 닦아 주시고 예수께서는 마침내 언덕에 오르셨습니다. 해골이라는 이름을 가진 언덕, 유대 전설에 아담이 죽어 묻힌 곳이라고 하는 언덕이었습니다. 죽음에 패한 아담이 죽음의 포로가 되어 묻혀 있다는 그 언덕에 오르신 예수님은, 벌거벗겨지셨습니다. 옷 벗김을 당하셨습니다.

십자가 위에서 예수께서는 옷 벗김을 당하셨습니다. 그러나 요한복음은 증거합니다. 그리스도께서 **당하신** 그 수난 곧 'Passion'은 사실 그리스도께서 **행하신** 'Action'이었습니다. 예수 그리스도께서는 **스스로** 옷을 벗으신 것이었습니다. 하나님의 아들 예수 그리스도께서는, 누구랄 것 없이 모든 인간은 다 벌거벗은 채 태어나며 죽어 벌거벗겨지는 이 세상 언덕此岸에 스스로 찾아오신 것이었습니다.

> 내가 내 목숨을 버리는 것은……이는 내게서 빼앗는 자가 있는 것이 아니라 내가 스스로 버리노라. 요 10:17-18

사람은 근사한 옷을 걸치고 살고 싶어 합니다. 왜 그럴까요? 사람은, 아담은 벌거벗었기 때문입니다. 근원적으로 벌거벗은 존재이기 때문입니다. 그리고 사람은, 아담은 자기가 벌거벗었다는 것을 알기 때문입니다. 자기 자신을 너무도 잘 알기 때문입니다. 그래서 **가리고** 싶어 합니다. 근사한 옷들로. 화려한 옷들로.

자신이 벌거벗었음을 알게 된 아담은, 우리가 알듯이, 나뭇잎을 꺾어 옷을 만들어 입었습니다. 아담의 후손들도 그렇습니다. 이런저런 옷을 지어 입으며 살아갑니다. 근사한 신사복을 입고 무게를 잡아 보기도 하고, 값비싼 옷을 입고 귀부인 대접을 받아 보기도 하고, 화사한 나들이복을 입고 여기저기 돌아다녀 보기도 하고, 멋진 제복을 입고 폼을 잡아 보기도 하고, 성직자 가운을 걸치고 신의 대리인 행세를 해보기도 합니다.

하지만 그 어떤 옷을 지어 입는다 해도, 아담의 후손들이 처한 그 근원적 벌거벗음은 그대로입니다. 사람의 근원적 벌거벗음은 사람이 제 손으로 걸쳐 입는 그 어떤 옷으로도 가려지지 않습니다.

성서는 예수 그리스도를 새로운 아담이신 분이라고 가르칩니다. '새로운 아담'이란 말이 무엇입니까? 아담, 곧 '사람'이셨지만 아담의 전철을 밟지 않으신 분, 오히려 아담의 전철을 뒤집어엎으신recapitulation 분, 아담의 길을 되풀이하지 않으시고, 오히려 그 길을 거슬러 올라가 전적으로 새로운 길을 인류를 위해 개척하신 분이라는 뜻입니다.

아담으로서 예수 그리스도는 벌거벗은 모습으로 태어나셨

고, 또 벌거벗은 모습으로 죽으셨습니다. 하지만 새로운 아담으로서 예수 그리스도는 옛 아담과는 전혀 다른, 새로운 길을 가셨습니다. 아담의 후손들과는 달리, 예수 그리스도는 사람이 제 손으로 갖춰 입는 지상의 화려한 옷들에 마음을 두시지 않았습니다. 오히려 예수 그리스도는 십자가에 벌거벗은 채 죽는 길을 택하셨습니다. 왜 그렇습니까? 인간의 근원적 벌거벗음을 덮어 줄 수 있는 옷은 이 지상의 것들로 만들어진 옷들이 아니라, 오직 하늘의 아버지 하나님께서 지어 입혀 주시는 옷이라는 것을 아셨기 때문입니다. 그 찬란한 하늘 영광을 바라보셨기 때문입니다.

사람은 왜 근사한 옷을 입고 싶어 하는 것일까요? 성경은 장차 부활 때 성도들이 새로운 몸, 부활의 몸, 부활체를 갖게 될 것이라고 말합니다. 고린도후서 5장은 이렇게 장차 부활 때 성도들이 가지게 될 몸, 곧 부활체를 집과 옷에 비유합니다.

> 만일 땅에 있는 우리의 장막 집이 무너지면 하나님께서 지으신 집 곧 손으로 지은 것이 아니요 하늘에 있는 영원한 집이 우리에게 있는 줄 아느니라. 참으로 우리가 여기 있어 탄식하며 하늘로부터 오는 우리 처소로 덧입기를 간절히 사모하노라. 이렇게 입음은 우리가 벗은 자들로 발견되지 않으려 함이라. 고후 5:1-3

장차 부활 세상이 도래하면 성도들은 하나님이 지어 주시는 그 영광스러운 부활의 몸을 옷처럼 입게 될 것입니다. 그리고 인간은 하나님이 입혀 주시는 그 옷을 입게 될 때 비로소 자신의

사순

근원적 벌거벗음에서 벗어날 수 있게 됩니다.

이렇게 볼 때, 사람이 근사한 옷, 멋진 옷을 입고 싶어 하는데에는 이유가 있다고 할 수 있습니다. 영적인 이유가 있습니다. 그것은 단순히 패션에 대한 욕구 때문이 아니라, 영적으로 볼 때 사람의 가장 깊은 내면에는 부활 때 우리가 입게 될 그 옷, 그 영적인 몸, 그 영광스러운 부활체를 향한 영적인 갈망이 자리하고 있기 때문입니다. 하나님이 지어 입혀 주시는 그 영광스럽고 찬란한 옷을 사모하는 마음이 내면 가장 깊은 곳에 자리하고 있기에, 사람들은 하늘의 그 찬란한 옷의 그림자나 대용품이나 모조품이라고 할 수 있는 지상의 근사하고 화려한 옷들에 마음이 끌리는 것입니다.

그러나 어떻습니까? 그런 지상의 옷들은 찬란한 그 부활체 옷의 그림자, 대용품, 모조품에 불과한 것들이기에, 이 세상에서 인간이 제아무리 근사하고 멋지고 화려한 옷을 입어 본다고 해도, 내면 깊은 곳의 알 수 없는 허함은 채워지지 않습니다. 그 알 수 없는 추위는 가시지 않습니다. 아무리 옷을 갖춰 입어도, 인간은 여전히 벌거벗은 존재입니다.

그러나 죽음의 언덕 위 나무에서 예수 그리스도께서는 스스로 옷을 벗으시고, 벌거벗은 채 매달려 계셨습니다. 사람이 제 손으로 차려입는 모든 옷들을 다 물리치고, 그 옷들의 값싼 위로, 그 옷들의 거짓 영광을 다 거절하고, 오직 하늘의 아버지 하나님께서 지어 입혀 주실 찬란한 옷을 바라보셨습니다.

과연 예수 그리스도에게는 그런 옷이 입혀졌습니다. 우리 주님은 부활하셨고, 아버지 하나님께서 지어 입혀 주시는 그 영광스런 부활체를 입으셨습니다.

그런데 여러분, 변화산 사건을 기억하십니까? 변화산 위에서 어떤 일이 있었나요? 제자들이 보았을 때 우리 주님의 얼굴이 해같이 빛나고, 또 주님의 옷이 찬란하게 빛났습니다. 이 변화산 사건은 어떤 영적 의미를 가진 신비한 사건이겠습니까?

그것은 바로, 예수님의 삶, 우리 주님의 삶은 십자가 죽음 이전부터 **이미** 부활의 영광으로 둘러싸여 있는 삶이었다는 것입니다. 제자들이 그간 보지 못했던 것일 뿐입니다. 영적인 눈이 가려져 있어서 그 영적 현실, 참된 현실을 보지 못했던 것입니다.

"내가 내 목숨을 버리는 것은 그것을 내가 다시 얻기 위함이니." 예수님은 말씀하십니다.

이로 말미암아 아버지께서 나를 사랑하시느니라. 요 10:17

그렇습니다. 자기 목숨을 버리시는 예수 그리스도, 죽음의 언덕 위 그 나무 십자가 위에 벌거벗은 몸으로 달려 계신 예수 그리스도는 실은 알몸이 아니었습니다. 그 몸을 온통 감싸 주고 있던 것이 있었습니다. 그 삶을, 그 죽음을 처음부터 끝까지, 고스란히, 남김없이 옷처럼 감싸 주고 있던 것이 있었습니다. 바로 **사랑**이었습니다. 아버지의 사랑이었습니다. 성부의 사랑이었습니다. 세상을 살리려 이 땅에 보내신 독생하신 성자를 향한 하늘에 계신 거룩하신 아버지 하나님의 사랑이었습니다.

그 사랑의 영광이었습니다. 그 영광의 빛이 죽음의 언덕 위 그 나무 십자가 위에서 물과 피를 다 쏟으며 달려 계신 예수 그

사순

리스도의 벌거벗은 몸을 온통 감싸고 있었습니다.

믿음이란, 신앙이란, 부활 신앙이란 눈이 떠지는 것입니다. 눈이 떠져 보게 되는 것입니다. 십자가의 길을 가고 계신 예수 그리스도의 얼굴에 빛나는 찬란한 하나님의 영광의 빛을 알아보는 것입니다. 십자가의 길을 가고 계시는 성자 예수 그리스도의 삶 전체를 처음부터 끝까지, 송두리째 남김없이 감싸고 있는 성부 하나님의 사랑, 그 사랑의 빛을 알아보는 것입니다.

알아보는 사람은 가게 됩니다. 십자가의 길을 가신 예수 그리스도를 따라가게 됩니다. 앞서가신 예수 그리스도를 따라 자기 십자가를 지고 그 길을 따라가는 제자가 됩니다.

그런 제자 중의 한 사람으로서 지금으로부터 800여 년 전, 이탈리아의 아시시에 살았던 성 프란치스코가 있습니다. 아시시의 청년 프란치스코는 근사하고 화려한 옷을 입기를 좋아하는 부잣집 아들이었습니다. 그러던 어느 날, 그는 주님을 만나게 됩니다. 자신을 위해, 세상을 위해, 십자가에 벌거벗겨진 채 매달려 죽으신 예수 그리스도를 만나게 되었고, 그분의 부르심을 듣게 되었습니다.

주님의 부르심을 듣고 세상 영광을 추구하는 길과는 전혀 다른 길을 가기 시작한 아들에게 프란치스코의 아버지는 화가 머리끝까지 치밀어 올랐습니다. 급기야 프란치스코의 아버지는 아들이 일하고 있는 교회를 찾아가 아들이 자기가 사준 옷을 입고 자기가 준 것들을 가지고 제멋대로 산다고 사람들과 주교 앞에서 아들을 욕하며 고소했습니다.

그러자 프란치스코가 이런 아버지 앞에서, 또 사람들 앞에서 누구도 생각지 못한 행동을 했는데, 이는 그가 이제 어떤 길을 가기로 결심했는지를 보여주기 위한 하나의 상징적인 행동이었습니다.

프란치스코는 자신이 입고 있는 옷들, 아버지가 부자였기에 가질 수 있었던 그 좋은 옷들을 아버지와 사람들 앞에서 하나씩 하나씩 다 벗기 시작했습니다. 그렇게 옷을 벗어 마침내 프란치스코는 알몸이 되었습니다. 자신을 부르신 분, 벌거벗겨진 채 십자가에 달리신 그분을 따르기 위해, 그간 자신을 근사하게 보이게 해주었던 그 좋은 옷들을 남김없이 벗어 버린 것입니다.

그리고 다음 순간 벌어진 장면은, 그 후 프란치스코와 그의 제자들에게 두고두고 깊은 영감을 주는 사건이 되었습니다. 알몸이 되어 버린 프란치스코를 옆에서 본 그 주교는 깊은 감동을 받은 나머지, 아니 어쩌면 너무 당황한 나머지, 자신이 입고 있던 그 화려한 빛깔의 주교 가운을 벗어서 그것으로 프란치스코의 알몸을 감싸 주었습니다.

무엇인가요? 부활의 영광을 상징하는, 부활의 찬란한 영광을 상징하는, 찬란한 빛깔의 주교 가운이 십자가의 길을 택한 사람의 그 벌거벗은 몸을 온통 둘러싸 준 것입니다.

아마 그 순간 프란치스코는 깨닫게 되었을 것입니다. 부르심을 듣고 순종하기 원하여 예수 그리스도처럼 사람의 모든 옷을 벗고 알몸이 된 자신을 온통 둘러싸 감싸 주고 계신 하늘 아버지 하나님의 사랑, 그 영광의 빛을 말입니다.

또 알게 되었을 것입니다. 그 어떤 근사하고 화려한 옷을 걸쳐 입어도 절대로 채워지지 않았던 자신 안의 그 알 수 없는 허함과 갈망이 비로소 채워지게 된 것을 말입니다.

강보에 싸여 시작하고 세마포에 싸여 끝나는 인간의 삶은, 일견 죽음에, 허무에, 무력함에 싸여 있는 듯 보입니다. 하지만 믿음의 사람들은 봅니다. 죽음에 둘러싸여 있는 듯 보이는 인생을 처음부터 끝까지 온통 감싸고 있는 것이 있습니다. 바로 십자가와 부활의 신비입니다.

믿음으로 십자가의 길을 걷는 이들은 인생을 둘러싸고 있는 죽음의 권세를 삼키는 부활의 능력, 부활생명의 능력을 경험합니다. 성서는 말씀합니다.

이 장막에 있는 우리가 짐진 것같이 탄식하는 것은 벗고자 함이 아니요 오히려 덧입고자 함이니 죽을 것이 생명에 삼킨 바 되게 하려 함이라. 고후 5:4

죽을 것을 삼키는 생명! 그 생명의 삶을 살라고 주님께서 우리를 부르십니다. 어디에서 부르고 계십니까? 아버지 하나님의 사랑과 그 사랑의 영광을 증언하시기 위하여 벌거벗겨진 채 달리신 십자가 위에서 부르고 계십니다.

강보에 싸이고 세마포에 싸였던, 일견 죽음에 둘러싸인 것으로만 보였던 예수 그리스도, 그 참사람의 인생은 사실 십자가와 부활이라는, 하나님의 그 거대한 생명의 신비에 처음부터 끝까지 온통 감싸인 삶과 죽음이었습니다.

그러한 삶으로, 죽음으로 우리를 부르십니다. 그처럼 살라고 부르십니다. 그처럼 죽으라고 부르십니다. 그처럼 죽는 길ars moriendi이 바로 참으로 사는 길ars vivendi이기 때문입니다. 그 죽음의 언덕此岸 위에 세워진 그 나무 십자가, 그 나무가 바로 생명나무이기 때문입니다.

부활

이 지진에
어찌 떨지 않을 수 있습니까?

지진

안식일이 다 지나고 안식 후 첫날이 되려는 새벽에 막달라 마리아와 다른 마리아가 무덤을 보려고 갔더니 큰 지진이 나며 주의 천사가 하늘로부터 내려와 돌을 굴려 내고 그 위에 앉았는데 그 형상이 번개 같고 그 옷은 눈같이 희거늘 지키던 자들이 그를 무서워하여 떨며 죽은 사람과 같이 되었더라. 천사가 여자들에게 말하여 이르되 너희는 무서워하지 말라. 십자가에 못 박히신 예수를 너희가 찾는 줄을 내가 아노라. 그가 여기 계시지 않고 그가 말씀하시던 대로 살아나셨느니라. 와서 그가 누우셨던 곳을 보라. 또 빨리 가서 그의 제자들에게 이르되 그가 죽은 자 가운데서 살아나셨고 너희보다 먼저 갈릴리로 가시나니 거기서 너희가 뵈오리라 하라. 보라. 내가 너희에게 일렀느니라 하거늘 그 여자들이 무서움과 큰 기쁨으로 빨리 무덤을 떠나 제자들에게 알리려고 달음질할새 예수께서 그들을 만나 이르시되 평안하냐 하시거늘 여자들이 나아가 그 발을 붙잡고 경배하니 이에 예수께서 이르시되 무서워하지 말라. 가서 내 형제들에게 갈릴리로 가라 하라. 거기서 나를 보리라 하시니라. 마 28:1-10

부활을 믿으십니까?

혹시 부활이 너무 쉽게 믿어진다면, 자신의 믿음을 한번 의심해 볼 필요가 있습니다. 왜냐하면 사실 부활은 믿기 어려운 것이기 때문입니다.

부활을 믿는다는 것이 무엇입니까? 부활을 믿는다는 것은 그저 죽었던 사람이 다시 살아났다는 것을 믿는다는 것이 아닙니다. 죽었던 사람이 다시 살아나는 것, 그것은 엄밀한 의미에서 부활이 아닙니다. 그것은 부활이 아니라 '소생'이라고 합니다. 소생은 영어로는 'resuscitation'인데, '회생'이라고도 할 수 있습니다. 소생이나 회생은 그 자체가 부활은 아닙니다.

가령 나사로를 생각해 보시기 바랍니다. 죽어 무덤에 뉘었던 나사로를 주님께서 다시 살리셨지요. 그렇다면 나사로는 부활한 것입니까? 그렇지 않지요. 성경은 분명히 예수 그리스도를 부활의 첫 열매라고 말씀하고 있습니다. 가장 처음 부활하신 분이라는 뜻이지요. 나사로는 부활한 것이 아니라 소생한 것일 뿐입니다. 회생한 것일 뿐이지요. 나사로의 소생은 부활이 아니라 부활의 그림자일 뿐입니다. 부활을 닮긴 했지만, 어렴풋이 닮긴 했지만, 부활 자체가 아닌, 부활의 실체는 아닌, 부활의 그림자일 뿐입니다.

그렇다면 부활이란 무엇입니까? 부활을 믿는 부활 신앙이란 무엇입니까?

우리는 부활을 믿노라고, 예수 그리스도의 부활을 믿노라고 고백합니다. 그런데 그 고백의 내용을 가만 들여다보면 부활을 부활 그대로 믿는 것이 아니라, 부활을 너무도 축소해서 믿고 있을 때가 많습니다. 부활을 성서가 말씀하는 부활 그대로가 아니라, 그저 소생 같은 것으로 축소시켜서 믿고 있을 때가 많은 것입니다.

가령 어떤 두 사람이 나누는 대화를 한번 생각해 보시기 바랍니다. A라는 사람이 B라는 사람에게 말합니다. "넌 예수의 부활이 믿어져?" B가 대답합니다. "응, 믿어져." A가 말합니다. "아니, 말이 돼? 어떻게 죽은 사람이 다시 살아날 수가 있어? 말도 안 되지." B가 대답합니다. "왜 말이 안 돼? 잘 생각해 봐. 하나님이 계시다면 하나님은 천지를 창조하신 분이야. 그런 전능하신 하나님이 죽은 사람을 살리지 못하겠어?"

어떻습니까? 두 사람이 생각하는 부활이란 무엇인가요? 소생이지요. 죽었던 사람이 다시 소생하는 것입니다. 죽어 누워 있던 사람이 자리에서 벌떡 일어나 무덤 밖으로 걸어 나오는 것입니다. 그런 의미의 부활을 A라는 사람은 말이 안 되는 일이라고 하면서 믿지 못하는 것이고, 반면 B라는 사람은 왜 말이 안 되느냐고 하면서, 자신은 믿노라고 말하고 있는 것입니다. 그러면서 B는 A에게 잘 생각해 보라고, 잘 생각해 보면 말이 된다는 것을 알 수 있다고 변증하고 있습니다.

아마 우리 대부분이 이런 대화를 한두 번쯤은 나누어 보았을 것입니다. 어떻습니까? 이런 대화에서 사람들은 지금 부활에 대해 이야기를 나누고 있는 것일까요?

그렇지 않습니다. 그들이 지금 말이 되네, 안 되네 하면서 갑론을박하는 것은, 실은 부활에 대해서가 아니라 소생에 대해서입니다. 부활의 실체에 대해서가 아니라 부활의 그림자에 대해서일 뿐입니다. 성서가 말씀하는 부활은 소생이 아닙니다. 그리고 성서가 말씀하는 부활 신앙은 죽은 사람이 소생할 수도 있겠다 하고 고개를 끄덕이는 그런 것이 아닙니다. 그런 것을 훨씬 넘어섭니다. 부활이란 무엇입니까?

부활이란 **세상이 바뀐 것**입니다! 부활이란 한마디로 세상이 바뀌었다는 것입니다. 부활 신앙이란 세상이 바뀌었다고 믿는, 새로운 세상이 왔다고 믿는 믿음을 말하는 것입니다. 부활 신앙이란 그저 2천 년 전 이 세상에 3일 전에 죽은 어떤 사람이 다시 소생한 그런 특별한 에피소드가 있었다는 사실을 믿는 것이 아닙니다. 부활 신앙은 2천 년 전 이 세상에 그런 특별한 에피소드 또는 깜짝 이벤트가 있었다는 사실을 믿는 것이 아니라, 2천 년 전 그날 새벽, 그 부활의 새벽에, 이 세상이 뒤집어졌다고, 이 세상 자체가 뒤집어졌다고, 새로운 세상이 도래했다고, 새로운 세상이 이 세상 속으로 뚫고 들어왔다고 믿는 것입니다.

부활은 세상이 바뀐 것입니다. 세상이 뒤집어진 것입니다. 죽음이 끝이던 세상, 그래서 죽음이 왕 노릇하던 세상, 죽음이 생명을 삼키던 세상, 어둠이 빛을 이기던 세상이 뒤집어져, 이제 생명이 왕 노릇하는 세상, 부활생명이 죽음을 삼키는 세상, 죽음이 끝인 세상이 아니라 죽음을 끝내는 세상, 그래서 빛이 어둠을 이기는 세상이 된 것입니다. 세상이 바뀐 것입니다.

그렇다면 부활 신앙이란 무엇입니까?

부활 신앙이란 **바뀌는** 것입니다. 생각이 바뀌고, 삶이 바뀌고, 사람이 바뀌는 것입니다. 세상이 바뀌었으니, 나도 바뀌어야겠다, 하는 생각이 드는 것입니다. 정신이 드는 것입니다.

세상이 바뀌었으니, 세상이 바뀌었다는 것을 이제 알게 되었으니, 이제 전처럼 살아서는 안 되겠다. 새로운 세상이 왔으니 이 새로운 세상에 걸맞게, 새롭게 살아야겠다. 새사람이 되어야겠다. 더 이상 전처럼 살아서는 안 되겠다. 더 이상 구태의연하게 살아서는 안 되겠다. 이전 세상에서 살던 것처럼 그렇게 구태의연하게, 죄속에 뒹굴면서, 절망에 빠져서, 사납게 살아서는 안 되겠다. 어둠이 빛을, 죽음이 생명을 이길 수 없다는 것이 만천하에 드러난 이 마당에, 이 대명천지에, 부활의 태양이 솟아오른 이 대명천지에, 더 이상 어둠에 붙어 살 수 없다. 더 이상 어둠의 자식으로 살 수 없다. 더 이상 어둠의 자식으로 죽음의 문화에 물들어 살 수 없다.

빛에 붙어야겠다. 빛으로 나와 빛을 향해 걸어가야겠다. 빛의 자녀가 되어야겠다. 빛의 자녀가 되어 생명의 문화 편에 서야겠다. 생명 운동에 가담해야겠다. 생명 운동에 몸을 담가야 하겠다.

하는 생각이 드는 것입니다. 정신이 드는 것입니다. 정신이 번쩍 드는 것입니다.

부활 신앙이란 그저 부활을 말이 된다고 생각하고 수긍하는 그런 것이 아닙니다. 말이 된다고 생각해서 수긍하는 것은 철학이나 과학이지 신앙이 아닙니다.

신앙이란 말이 된다고 여기고 수긍하는 것이 아니라, **말문이 막히는 것**이고, 또 **말문이 트이는** 것입니다. 부활 신앙이란 부활하신 예수 그리스도 앞에서 나의 말문이 막히는 것이고, 부활하신 예수 그리스도 앞에서 나의 말문이 트이는 것입니다.

왜 말문이 막힙니까? 살아 계신 하나님을 만났기 때문입니다.

왜 말문이 트입니까? **살아 계신** 하나님을 만났기 때문입니다.

왜 말문이 막히는 것입니까? 살아 계신 하나님을 만난다는 것은 **이루 말할 수 없는** 것을 체험하는 것이기 때문입니다.

왜 말문이 트이게 되는 것입니까? 이루 말할 수 없는 것을 체험한 사람에게선 노래가 터져 나오기 때문입니다. 찬양이 터져 나오기 때문입니다. 노랫말들이 터져 나오기 때문입니다. 찬양의 말들이 터져 나오기 때문입니다. 자기가 해놓고도 놀라는 말들이, 생명의 말들이 터져 나오기 때문입니다. 샘솟듯이 터져 나오기 때문입니다.

성서를 읽어 보십시오. 성서 속 부활의 증인들의 말을 들어 보십시오. 그들은 부활을 변증하고 있습니까? 부활을 설명하고 있습니까?

그렇지 않습니다. 그들은 부활을 노래하고 있습니다! 그들은 부활의 주님을 찬양하고 있습니다! 자신들이 체험하고 있는 그 부활 세상, **믿음의 눈**으로 보는 그 세상, 믿음의 귀로 듣는 그 세상, 믿음의 손으로 만지는 그 세상의 신비를 살아 내고 있습니다. 삶으로, 몸으로 살아 내고 있습니다. 이것이 부활 신앙입니다. 세상을 소란하게 했고 지금도 소란하게 하고 있는 부활 신앙입니다.

사도행전 17:6을 보면, 부활의 복음을 전했던 초대 교회 신앙인들을 따라다닌 별명이 있었다는 것을 알 수 있습니다. 그 별명이 무엇이었습니까? 바로 '세상을 소란하게 하는 자들'이라는 별명이었습니다.

세상을 소란하게 하는 자들. 부활 신앙인들은 세상을 소란하게 하는 자들이었습니다. 부활 신앙은 왜 세상에 소란을 일으 킬까요?

왜냐하면 부활은 **지진**이기 때문입니다. 모든 것을 흔들어 놓는 지진이기 때문입니다. 모든 것을 흔들어 놓아 모든 것을 다시 제자리로 돌려놓는 지진이기 때문입니다. 높아졌던 것들은 낮추고, 낮아졌던 것들을 높이는 지진이기 때문입니다. 하나님 자리를 차지하고 있던 것들은 지옥으로 꺼지게 하고, 땅바닥에 내쳐지고 짓밟혔던 것들은 하나님의 보좌 우편에 오르신 예수 그리스도와 더불어 왕 노릇하게 만드는 지진이기 때문입니다. 죄와 죽음과 마귀가 지배하던 세상이 뒤흔들리고, 뒤집히고, 마침내 전복당하는 지진이기 때문입니다.

이 지진에, 어찌 떨지 않을 수 있습니까? 이 지진에, 어찌 엎드리지 않을 수 있습니까?

부활을 믿는다는 것은 지진을 경험한다는 것입니다. 부활을 믿는다는 것은 2천 년 전 이 세상에 예수의 부활이라는 특별한 에피소드가 있었다고 믿는 것이 아니라, 2천 년 전 그 새벽, 이 세상 자체를 근본적으로 뒤흔들고, 뒤집고, 전복시켜 놓은 대지진이 일어났다고 믿는 것입니다.

그래서 그 지진의 여파로 나의 세계관에, 나의 인생관에 근본적인 지진이 일어나는 것입니다. 지진이 일어나 바뀌는 것입니다. 세상과 인생을 바라보는 눈이 바뀌고, 세상과 인생을 사는 자세가 바뀌는 것입니다. 흔들리는 것입니다. 마구 흔들려 있던 자리에 있지 못하고 밖으로 나오게 되는 것입니다. 나만 알던 삶, 자기 자신 속에 틀어박혀 살던 삶을 박차고 나와 밖으로 나오게 되는 것입니다.

밖으로 나와 만세를 외치는 것입니다. 예수가 왕이시라고, 가이사가 왕이 아니라 예수 그리스도만이 왕이시라고, 힘이 왕이 아니고 돈이 왕이 아니고 오직 예수 그리스도가 왕이시라고, 예수 그리스도가 주님이시라고, 십자가에 달려 죽으신 예수 그리스도께서 그 십자가를 보좌 삼아 이 세상을 다스리고 계시다고 선포하고 노래하는 것입니다.

부활은 믿기 어려운 것입니다. 왜냐하면 부활은 그저 우리의 머리가 끄덕여지면 우리가 믿는다고 말할 수 있는 그런 것이 아니기 때문입니다. 부활은 우리의 온몸이 흔들려야, 내 삶 전체가 흔들려야 비로소 우리가 믿는다고 말할 수 있는 그런 어마어마한 것이기 때문입니다.

여러분, 부활을 믿으십니까?

네, 믿으십니다. 그렇기에 이 자리에 나오신 것입니다. 자기 방 안에 틀어박혀 있지 않고, 좁디좁은 자기 자신 안에, 자기 세계 안에, 자기 생활 안에 틀어박혀 있지 않고, 이렇게 밖으로 나와 이 부활의 아침, 부활의 주님을 만나 살아 계신 주님을 찬양하고 경배하고 있는 것입니다. 나처럼 그 지진에 흔들려 밖으로 나오게 된 이들과 더불어, 오직 예수 그리스도만을 왕으로, 주님으로 고백하며 이렇게 하나님 나라의 광장에 모인 것입니다.

들리십니까? 이 광장에서 우리를 둘러싸고 있는 허다한 천군천사들이 큰소리로 외치는 찬양소리가 들리십니까?

죽임을 당하신 어린 양은 능력과 부와 지혜와 힘과 존귀와 영광과

찬송을 받으시기에 합당하도다. 계 5:12

들리십니까? 하늘 위와 땅 위와 땅 아래와 바다 위와 또 그 가운데 모든 피조물이 외치는 이 소리가 들리십니까?

보좌에 앉으신 이와 어린 양에게 찬송과 존귀와 영광과 권능을 세 세토록 돌릴지어다. 계 5:13

아멘, 아멘.

인사

샬롬! 평강이 있을지어다!

예수님의 첫 말씀이셨습니다. 부활하신 예수님의 첫 말씀, 부활하신 주님께서 자신의 제자들을 만나서 하신 첫 말씀은 **인사 말씀**이었습니다. 인사 말씀. "샬롬!" "너희에게 평강이 있을지어다!" 하시는 인사의 말씀이었습니다.

여러분, 이것이 복음입니다.

복음이란 무엇인가요? 복음이란 주님께서 우리에게 **인사**를 해오셨다는 것입니다. 복음이란 예수 그리스도 안에서 **하나님께서** 우리에게 인사를 해오셨다는 것입니다. "샬롬!" 하고 인사를 해오셨다는 것입니다.

웬 인사일까요? **새해가** 왔기 때문입니다! 새해가 동터 왔기 때문입니다. 예수 그리스도 안에서, 부활하신 예수 그리스도 안에서 이제 새해가, 새날이 마침내 동터 왔기 때문입니다!

그렇습니다. **새해 인사**였던 것입니다. 주님께서 오셔서 "샬롬!" 하셨던 것은, 주님께서 우리에게 새해 인사를 해오신 것이었습니다. "너희에게 평강이 있을지어다" 하고요. "이 새해에

너희에게 하나님의 평화의 복이 있을지어다. 샬롬의 복이 있을
지어다" 하고 주님께서 우리에게 새해 인사를 해오신 것이었습
니다.

이 인사를 받아 보셨습니까? 이런 새해 인사, 받아 보셨습니
까? 받아 보셨다면, **기쁨**을 알 것입니다. 새날을 맞이하는 기쁨
이 무엇인지 알 것입니다. 만물이 새로워지는 새날을 사는 기쁨
이 어떤 건지 알 것입니다.

새해가 오면, 우리는 서로 인사를 나누지요. 새해 인사를 나
눕니다. 많은 교회에서 송구영신 예배 때 새벽 0시가 되면 모두
자리에서 일어나 서로 악수하며 새해 인사를 나눕니다. "새 해
복 많이 받으시기 바랍니다." "복된 새해 보내시기 바랍니다" 하
고 인사를 나눕니다.

그런데 어떻습니까? 기쁘셨나요? 그 인사를 받으시고, 기쁘
셨나요? 정말 기쁘셨나요?

예수님의 제자들은 정말 기뻤습니다. 부활하신 예수님을
만난 사람들, 부활하신 주님을 만나 주님으로부터 인사를 받은
사람들, 부활 신앙인들은 기뻤습니다. 정말 기뻤습니다. 기쁨 속
에 들어갔습니다. 생의 기쁨 속으로 들어갔습니다. 어째서였을
까요?

예수님의 인사는 다른 인사였기 때문입니다. 예수님의 인사
는 여느 인사와는 다른 인사였기 때문입니다. 예수님의 인사는
여느 사람들이 하는 여느 인사와는 다른 인사였기 때문입니다.

어떻게 다르나요? 예수님의 인사는 새날을 **가져오시는** 분의
인사이기 때문입니다. 예수님의 인사는 새날을, 새해를 **몰고 오**

시는 분의 인사이기 때문입니다. 예수님의 인사는 새해를, 새로운 해를 친히 **동터 오르게 하신** 분의 인사이기 때문입니다. 인사의 **말씀**이기 때문입니다.

"너희에게 평강이 있을지어다." 예수님의 말씀, 그 인사의 말씀은 이 낡은 세상에 새로운 해가, 새로운 태양이 떠오르게 하신 분의 인사이기 때문입니다. 이 낡아 빠진 세상에 새날이 동터 오르게 하신 분의 인사이기 때문입니다.

부활은 그런 것입니다! 부활 신앙이란 그런 것입니다! 인사를 받는 것입니다. 주님으로부터, 부활하신 주님으로부터. 죽은 자들 가운데서 다시 살아 오신 주님으로부터, 죽음을 이기시고 오신 주님으로부터. 죽음의 권세, 사망 권세, 지옥 권세, 마귀 권세를 이기고 오신 주님으로부터 인사를 받는 것입니다. 샬롬! 너희에게 평강이 있을지어다!

그래서 기뻤던 것입니다. 주님의 제자들이 기뻤던 것은, 정말 기뻤던 것은 바로 그래서였습니다.

> 이날 곧 안식 후 첫날 저녁때에 제자들이 유대인들을 두려워하여 모인 곳의 문들을 닫았더니 예수께서 오사 가운데 서서 이르시되 너희에게 평강이 있을지어다. 이 말씀을 하시고 손과 옆구리를 보이시니 제자들이 주를 보고 기뻐하더라. 요 20:19-20

네, 예수님의 제자들은 기뻐했습니다. 어찌 기쁘지 않을 수 있겠습니까? 주님이 오셨는데요. 주님이 죽음을 이기고 오셨는데요. 죽으신 주님께서, 죽어 세상을 떠나신 주님께서 음부로 내려가시어, 음부까지 내려가시어, 거기서 그 음부의 권세를 꺾으시고, 이기시고 오셨는데요.

그래서 새해를 몰고 오셨는데요. 새해, 새로운 해, 진정으로 새로운 해를 몰고 오셨는데요. 저 보이는 해가 아니라, 저 낡아빠진 해, 언젠가는 꺼지고 말 저 진부한 해가 아니라 새로운 해, 진정으로 새로운 해, 영원히 꺼지지 않을 해, 진정으로 새로운 해를 몰고 오셨는데요! 이글거리는 해, 영원히 꺼지지 않을 생명으로, 부활생명으로, 이글이글하는 해를 몰고 오셨는데요! **해너머에서** 몰고 오셨는데요!

그래서 기쁜 것입니다. 부활 신앙인들은 그래서 기쁜 것입니다. **새롭기** 때문입니다. 만물이 새롭기 때문입니다. 모든 것이 새롭기 때문입니다. 그 해 아래, 모든 것이 새롭기 때문입니다.

Everything is new under the Sun/Son.

이 세상의 현인들, 또 구약의 현인은 "해 아래 새것이 없다"고 탄식했었지요.전 1:9 세상을 알 만큼 알게 된 사람의 성숙한 탄식입니다. 그러나 부활 신앙인들은 노래합니다. 그 탄식을 넘어 노래합니다. 아이처럼 노래합니다. 어떻게 노래하나요?

누구든지 그리스도 안에 있으면 새로운 피조물이라. 이전 것은 지나갔으니 보라. 새것이 되었도다.고후 5:17

노래합니다. 아이처럼, 아이처럼 즐겁게. 아이처럼 즐겁게 노래하며 봄 길을 걷습니다. 인생길을 봄 길 걷듯 걷습니다.

다시 어린아이가 되는 것이지요. 성숙해지는 것입니다. 하나님 나라의 어린아이로 성숙해지는 것입니다.

어떻게 이렇게 성숙해질 수 있을까요? 다 큰 어른이, 세상을 알 만큼 아는 어른이, 인생을 살 만큼 산 어른이 어떻게 그렇게 아이처럼 노래할 수 있는 것일까요? 이 세상 모든 것이 다 놀랍다는 듯이, 이 세상 모든 것이 다 놀랍고 신기하다는 듯이, 이 세상 모든 것이 다 놀랍고 신기하고 경이롭다는 듯이, 이 세상 모든 것이 다 새롭다는 듯이 이 세상 모든 것을 다 새롭게 하시기 때문입니다!

그리스도께서, 부활하신 그리스도께서, 죽음을 이기시고 부활하신 그리스도께서, 낡게 만들고 진부하게 만드는 죽음을, 썩게 만들고 부패하게 만드는 죽음을, 그 "썩어짐의 종 노릇"롬 8:21 하게 만드는 죽음을, 그 죽음의 권세를 이기신 주님께서, 그리스도께서, 부활의 주님께서 만물을 새롭게 하시기 때문입니다.

보좌에 앉으신 이가 이르시되 보라, 내가 만물을 새롭게 하노라.계 21:5

보라! 내가 만물을 새롭게 하노라! '아멘, 아멘' 하기 때문입니다. '아멘' 하고 솟아나기 때문입니다. 믿음이, 새 힘이, 용기가, 솟아나기 때문입니다. 기쁨이 솟아나기 때문입니다. 눈물이 솟아나기 때문입니다.

왜 눈물이 솟아날까요? 기쁜데, 정말 기쁜데, 왜 눈물이 솟아나는 것일까요?

보기 때문입니다. 보게 되기 때문입니다. **상처**를 보게 되기 때문입니다. 주님의 상처 난 손과 옆구리를 보게 되기 때문입니다. 우리 주님의, 나의 주님의 그 상처 난 손과 옆구리를 보게 되기 때문입니다. 그 영광의 상처를 보게 되기 때문입니다. 주님이 받으신 그 상처, 나의 주님이 받으신 그 상처, 나의 주님이 나를 위하여 받으신 그 상처, 나의 주님이 나를 위하여 사망 권세와 싸우시다가 받으신 그 상처를 보게 되기 때문입니다. 그 성흔을 보게 되기 때문입니다. 그 거룩한 상처를 보게 되기 때문입니다.

그래서 눈물이 나옵니다. 자꾸 눈물이 나옵니다. 좋은데, 너무 좋은데, 눈물이 나옵니다. 봄이 왔는데, 겨울 같았던 내 영혼에 봄이 왔는데, 그래서 이 봄 길을 걷는데, 찬양을 흥얼거리며 걷는데, 자꾸 눈물이 나옵니다.

알기 때문이지요. 네, 알기 때문입니다. 이 봄이, 이 생명의 봄이 그냥 온 것이 아니라는 것을 알기 때문입니다. 부활 신앙인들은 아는 이들입니다. 이 봄이 그냥 **자연히** 온 것이 아니라는 것을 아는 이들입니다. 이 봄은 그냥 자연히 온 것이 아니라 **은혜로** 온 것이라는 것을 아는 이들입니다. 봄이 무엇인지 아는 한 시인의 노래입니다.

기다리지 않아도 오고
기다림마저 잃었을 때에도 너는 온다.
……
너를 보면 눈부셔

일어나 맞이할 수 없다.
입을 열어 외치지만 소리는 굳어
나는 아무것도 미리 알릴 수가 없다
가까스로 두 팔을 벌려 껴안아 보는
너, 먼 데서 이기고 온 사람아(이성부, 「봄」).

"가까스로 두 팔을 벌려 껴안아 보는 너, 먼 데서 이기고 온 사람아." 먼 데서 이기고 온 사람, 그 봄 같은 사람, 그 사람을 껴안아 보셨습니까? 그분을 껴안아 보셨습니까? 두 팔 벌려 껴안아 보셨습니까? 너무 눈부셔 다리가 굳지만, 너무 놀라워 입이 굳지만, 가까스로 두 팔 벌려 껴안아 보셨습니까? 그 상처 난 몸, 창에 허리 찔리고, 손에 못이 박혔던 그 상처 난 몸을 껴안아 보셨습니까?

껴안아 보셨다면 알 것입니다. 기쁨이 무엇인지, 기쁨의 눈물이 무엇인지, 눈물의 기쁨이 무엇인지. 부활이 무엇인지, 부활의 영광이 무엇인지, 하늘 영광의 상처가 무엇인지. 사랑이 무엇인지, 사랑의 영광이 무엇인지. 왜 신앙인들은, 부활 신앙인들은 이 봄에, 이 아름다운 봄에 이렇게 모여 예배하는지, 영광의 주님을 예배하는지, 몸에 영광의 상처를 지니신, 거룩한 상처를 지니신, 사랑의 상처를 지니신 주님을 예배하는지 알 것입니다.

몸의 부활

육신이란 바람에 굴러가는 헌 누더기에 지나지 않는다.
영혼이 그 위를 지그시 내려 누르지 않는다면(조정권,『산정묘지 1』).

죽음은 끝이 아닙니다. 죽음을 끝이라 생각하는 것은 실은 죽음을 하나님이라 생각하는 것입니다. 우리는 죽음을 끝이라고 믿지 않고 **부활**을 믿습니다. 다시 말해, 우리는 하나님을 믿습니다. 살아 계신 하나님께서 예수 그리스도를 죽은 자들 가운데서 다시 살리신 것을 믿습니다. 우리는 살리시는 하나님을 믿습니다.

부활이란 무엇인가? 저는 이렇게 말하고 싶습니다. "부활이란 **다시 심장이 뛰는 것이다**."

부활은 오해하기 쉽습니다. 왜냐하면 부활은 완전히 새로운 것, 해 너머에서 온 새것이기 때문입니다. 예수님의 처음 제자들도 오해했습니다. 처음에는 크게 오해했습니다. 어떻게 오해했나요? 그들은 부활하신 예수 그리스도를 '유령'이라고 생각했습니다.눅 24:36-40

유령이란 무엇인가요? 유령은 죽고 나서 남은 것입니다. 죽음으로 끝이 나고 남은 것, 그것이 바로 유령입니다. 유령은 죽음을 이긴 존재가 아닙니다. 유령은 죽음에 패배하고 남은 잔해입니다. 죽음의 손에 뼈가 으스러지고 몸이 가루가 되고 남은 희미한 연기 같은 것, 그것이 바로 유령입니다. 그래서 잔해가 그렇듯, 폐허가 그렇듯, 유령은 으스스합니다. 죽음의 냄새를 풍기고, 죽음처럼 창백합니다. 살아 있는 이들에게 죽음에 대한 두려움을 안겨 줍니다.

하지만 부활의 아침, 자신을 나타내신 예수 그리스도는 유령이 아니셨습니다. 그분은 죽어 유령이 되신 것이 아니었습니다. 그분은 **부활**하셨습니다! 그분은 다시 살아나셨습니다! 그분은 죽음을 이기신 승리자이셨습니다. 그분은 죽음에 패배한 창백하고 희미한 존재가 아니었습니다. 부활의 증인들이 만난 그분은 죽음을 겪고 살아 계시는 분, 충만히 살아 숨 쉬는 분, 그래서 그들에게 **목숨 이상의 숨**을 불어넣어 주시는 분이었습니다.요 20:21-22

부활은 다시 심장이 뛰는 것입니다. 죽어 유령 같은 존재가 되어 영원히 목숨을 부지하는 것은 부활이 아닙니다. 그건 죽음의 연장일 뿐입니다. 유령은 심장이 뛰지 않는 (비)존재입니다. 유령에게는 심장이 뛰는 구체적 '몸'이 없습니다. 유령은 만질 수 없습니다. 그러나 부활하신 그리스도는 "나를 만져 보아라"고 하셨습니다. "유령은 살과 뼈가 없지만, 너희가 보다시피, 나는 살과 뼈가 있다"눅 24:39, 새번역고 하셨습니다. 부활은 **생명**을 찾는 것입니다. 참생명, 진짜 삶을 찾는 것입니다. 심장 뛰는 삶을 찾는 것입니다. 가슴이 터질 듯 심장이 뛰는 삶 속으로 들어가는 것입니다.

우리의 심장을 뛰게 하는 것은 무엇인가요? **사랑**입니다. 우리의 심장을 뛰게 하는 것은 기력이 아니라, **사랑**입니다. 사랑이 우리의 심장을 뛰게 합니다. 어떤가요? 허탄한 소리로 들리시나요? '여자들이 하는' 허탄한 소리, 시인들이 하는, 신비가들이 하는 그런 헛소리로 들리나요?

부활은, 부활 복음은 허탄하게 들리는 소리였습니다. 여자들이 하는 허탄한 소리로 생각되었습니다. 부활의 아침, 빈 무덤에서 돌아온 여자들, 천사들로부터 "어찌하여 살아 있는 자를 죽은 자 가운데서 찾느냐"눅 24:5 는 부활 복음을 듣고 돌아온 여자들은 자신들이 보고 들은 바를 열한 사도들에게 알렸습니다. 그때 그 '남성' 사도들의 반응은 어떠했나요? 그들은 그 여자들의 말이 허탄한 듯이 들려 믿지 않았습니다.눅 24:11 그들은 "여자들의 이야기가 부질없는 헛소리려니 하고 믿지 않았"습니다.공동번역

부활, 부활 복음은, 허탄한 소리로 들렸습니다. 2천 년 전에도 그랬고, 지금도 그렇고, 앞으로도 그럴 것입니다. 왜 부활이 허탄한 소리로 들릴까요? **사랑**을 모르기 때문입니다. 사랑이라는 **존재**를, 또 그 존재의 **힘**을 모르기 때문입니다. 심장을 뛰게 하는 것은 기력이 아니라, 기력이기 이전에 **사랑**이라는 것을 모르기 때문입니다. 천구天球의 별들을 움직이는 것은 만유인력이 아니라, 만유인력이기 이전에 **사랑**이라는 것을(단테, 『신곡』) 모르기 때문입니다. **하나님의 사랑**이라는 것을 모르기 때문입니다.

태초에 천구의 별들을 지어 움직이게 한 것은 바로 그 사랑이었음을 모르기 때문입니다. 태초에 사람에게 심장을 지어 주고 뛰게 만든 것은 바로 그 사랑The Divine Eros이었음을 모르기 때문입니다.

태초에 천지를 창조하신 하나님, 그 하나님은 사랑이십니다.Deus Caritas Est 그리고 그 사랑이, 태초에 창조의 일을 하신 그 하나님의 사랑이 종말에 새 창조의 일을 하실 것입니다. 새 하늘과 새 땅을 창조하실 것이며, 사람에게 새로운 심장을 지어 주고 뛰게 하실 것입니다. 그리하여 만물이, 만민이, 만유가 하나님의 사랑 안에서 뛰놀게 될 것입니다. 창조자 하나님, 구원자 하나님의 사랑 안에서 춤추게 될 것입니다.

심장이 뛰시나요? 그 춤perichoresis 생각에 벌써부터 여러분의 심장이 뛰시나요? 그건 하나님의 사랑이 여러분의 심장을 뛰게 하시는 것입니다. 이 창조 세계를 결단코 버리시지 않으시는 하나님의 사랑, 창조 세계를 죽음의 권세에 내버리지 않으시는 하나님의 사랑이 우리의 심장을 뛰게 만드는 것입니다. 자신의 사랑을 배신한 창조 세계임에도 독생자를 내주시기까지 사랑하신 하나님, 그 배신의 대가를 몸소 십자가에서 감당하여 주시기까지 우리를 사랑하시는 그 하나님의 사랑이 우리의 심장을 뛰게 만드는 것입니다.

그래서 부활 신앙인들은 가만히 있지 못합니다. 그들은 **밖으로** 나옵니다. '자기' 밖으로 나옵니다. '나'밖에 몰랐던 삶 밖으로 나와 **너**를 만납니다. 만나 공동체共同體를 이룹니다. 자기 안에 틀어박혀curvatus in se 지내지 않고, 하나님 나라 광장으로 나옵니다. 사도행전 2장이 그 증언입니다. 그 첫 부활의 증인들은 모여 사랑으로 하나가 되었습니다. 그러고는 자기 소유를 필요한 사람들과 아낌없이 나누었습니다. 그리고 그들은 서로의 집에서 기쁘고 순전한 마음으로 밥을 같이 먹었습니다.44-47절 사랑으로 한 몸을 이루어 "흥겹고 순박한 마음으로"200주년 신약성서 밥을 나눠 먹는 것, 이것이 바로 그 처음 부활 신앙인들이 보여주었던 부활 생명의 삶, 부활 신앙의 삶, 죽음을 이긴 삶이었습니다.

이런 것이 무슨 부활생명이냐고 묻는 이가 있을지 모르겠습니다. 저는 상상해 봅니다. 이렇게 사랑으로 하나 되어 흥겹고 순박한 마음으로 밥을 나눠 먹는 그들에게 어느 날 어떤 이교도가 찾아와 묻습니다. "당신들은 부활이라는 것을 전해서 세상을 온통 시끄럽게 만들고 있는데 그 부활이라는 것이 대체 무엇이오?"

그들은 무엇이라고 대답했을까요? 아마 그 부활 신앙인들은 이렇게 말했을 것 같습니다.

와서 보십시오. 우리는 이렇게 사랑으로 한 몸을 이루어, 전에는 감히 꿈도 꾸지 못했던 기쁨 속에서 함께 하나님을 찬미하고 밥을 나눠 먹고 있습니다. 전에는 영생이 무엇인지 그저 희미했습니다. 마치 죽음 너머 유령의 세계를 짐작하는 것처럼 아련했습니다. 하지만 이제는 아닙니다. 이제 영생은 우리 눈으로 볼 수 있고 우리 손으로 만질 수 있는 구체적인 '몸'의 삶으로 나타났습니다. 부활 하신 우리 주님의 몸처럼 말입니다.

아마 이렇게 대답하는 그 부활 신앙인들 뒤에서는 그의 형제
자매들이 함께 모여 부르는 노랫소리가 들려왔을 것 같습니다.

이다지도 좋을까, 이렇게 즐거울까! 형제들 모두 모여 한데 사는
일! 아론의 머리에서 수염 타고 흐르는, 옷깃으로 흘러내리는 향
긋한 기름 같구나. 헤르몬 산에서 시온 산 줄기를 타고 굽이굽이
내리는 이슬 같구나. 그곳은 야훼께서 복을 내린 곳, 그 복은 영생
이로다.시 133:1-3, 공동번역

부활은, 부활생명은 반드시 **몸**으로 나타납니다. 자기 몸을
지체로 드려 그리스도 안에서 형제자매들과 한 몸을 이루는 사
람의 몸으로, 자기 몸을 움직여 주린 사람에게 먹을 것을 가져다
주고, 목마른 사람에게 마실 것을 가져다주고, 나그네를 영접하
고, 헐벗은 이들에게 입을 것을 가져다주고, 병들어 있는 이들을
찾아가 돌보아 주고, 감옥에 갇힌 이들을 찾아가 주는 사람의 몸
으로,마 25:31-46 움직일 수 없을 만큼 허약해진 몸이라도 자기 몸
을 성전 삼아 교회와 이웃을 위해 자기 몸에 기도의 제단을 쌓
는 사람의 몸으로, 그런 하나님의 사람의 몸으로 나타납니다.
그렇게 모두들 자기 한 몸, 일신의 안위를 염려하는 것으로
바쁜 이 세상 풍조를 본받지 않고, 하나님의 선하시고 기뻐하시
고 온전하신 뜻이 무엇인지를 깨달아, 하나님의 일에 자기 몸을
거룩한 산 제물로 드리는 사람,롬 12:1-2 그 사람이 바로 부활 신앙
의 사람입니다. 그런 사람, 그렇게 부활생명을 살아가는 사람에
게는 죽음은 결코 끝이 아닙니다. 그의 삶은 죽음이 끝나 버린

삶입니다. 죽음이 끝장난 삶입니다. 죽음이 끝나고 이미 영생이 시작된 삶입니다. "죽음아, 너는 죽으리라."존 던,「거룩한 소네트」

　해마다 맞이하는 이 부활절, 이 봄은 부활 성사聖事입니다. 어떠신가요? 부활 찬양을 흥얼거리며 걷는 세상, 이 찬란한 봄꽃 세상, 심장이 뛰지 않습니까? 이 봄이, 이 아름다운 봄이 마치 우리 주님의 그 영광스러운 부활 같아서, 또 우리 주님의 그 영광스러운 부활이 마치 이 아름다운 봄과 같아서, 가슴이 터질 듯이 벅차오르지 않습니까? 부활은, 부활 신앙은 다시 가슴이 뛰는 것입니다. 하나님의 사랑에 가슴이 뛰는 것입니다. 하나님의 사랑, 그 영광의 빛을 반사하여 빛나는 세상의 모든 참되고 선하고 아름다운 것들에 대해 가슴이 뛰는 것입니다. 그렇게 부활생명의 빛으로 하루하루 죽음의 그림자를 삼키며 살아가는 것입니다.

　이 부활생명의 삶은 우리의 기력과 상관없는 삶입니다. 기억하십니까? 우리의 심장을 뛰게 하는 것은 기력이 아니라 사랑입니다. 우리의 기력은 쇠합니다. 날로 날로 쇠합니다. 하지만 사랑은 쇠하지 않습니다. 사람의 기력이 쇠하고 이 우주의 기력도 언젠가 다 쇠할 것이나, 하나님의 사랑은 쇠하지 않습니다. 그리고 하나님의 사랑이 쇠하지 않으니, 그 사랑에 감복感服하는 우리의 사랑도 쇠하지 않습니다. 우리의 심장은 뜁니다. 날로 날로 더욱 뜁니다. 주님 얼굴 뵐 날이 오면 올수록 더욱 뜁니다.

　고린도전서 15장은 지금 우리의 이 몸은 장차 우리가 입게 될 그 부활의 몸, 부활체의 씨앗이라고 말씀하고 있습니다. 그렇습니다. 지금 우리 안에서 뛰고 있는 이 심장, 하나님의 사랑이 뛰게 하시는 이 심장은, 장차 종말에 하나님께서 우리에게 새롭게 지어 주실 심장, 그 부활의 몸의 심장의 씨앗입니다. 이 작은 씨앗은 주님이 오시는 날, 아름다운 꽃으로, 아름드리나무로 피어날 것입니다.

왜 우리에게는 새로운 몸이 필요할까요? 왜 우리에게 부활의 몸, 부활체가 필요할까요? **상상**해 봅시다. 이 찬란한 봄꽃 세상, 부활의 노랫소리를 흥얼거리며 바라보는 길가의 봄꽃 한 송이에도 이렇듯 우리의 가슴이 터질 듯 벅차오르는데, 이런 심장으로, 이렇게 약하디약한 심장으로, 이런 질그릇같이 연약한 심장으로, 어떻게 우리가 이 찬란한 봄꽃 세상이 흘러나오는 원천인 그 하나님 나라, 그 진짜 봄꽃 생명 세상 속에 들어가 살 수 있겠습니까?

그 찬란한 빛에, 그 눈부신 빛에 우리의 눈이 멀어 버리지 않으려면, 우리에게는 부활체의 눈이 필요하지 않겠습니까? 그 아름다움에, 그 숨 멎을 듯한 아름다움에, 우리의 숨이 막혀 버리지 않으려면, 우리에게는 부활체의 폐가 필요하지 않겠습니까? 그 기쁨에, 그 가슴 터질 듯한 기쁨에, 우리의 가슴이 터져 버리지 않으려면, 우리에게는 부활체의 심장이 필요하지 않겠습니까?

부활이란, 부활 신앙이란, 다시 심장이, 다시 가슴이 뛰는 것입니다. 지금 우리의 가슴은 뛰고 있습니까?

오직 사랑만이 부활을 믿을 수 있다. 아니, 부활을 믿는 건 사랑이다(루트비히 비트겐슈타인).

한 형제가 압바 아르세니우스의 독방을 찾아갔다. 문을 반쯤 열고
보니 스승은 온몸이 불타는 듯했다(「사막 교부들의 금언집」).

부활 동행

그날에 그들 중 둘이 예루살렘에서 이십오 리 되는 엠마오라 하는 마을로 가면서 이 모든 된 일을 서로 이야기하더라. 그들이 서로 이야기하며 문의할 때에 예수께서 가까이 이르러 그들과 동행하시나 그들의 눈이 가리어져서 그인 줄 알아보지 못하거늘 예수께서 이르시되 너희가 길 가면서 서로 주고받고 하는 이야기가 무엇이냐 하시니 두 사람이 슬픈 빛을 띠고 머물러 서더라. 그 한 사람인 글로바라 하는 자가 대답하여 이르되 당신이 예루살렘에 체류하면서도 요즘 거기서 된 일을 혼자만 알지 못하느냐 이르시되 무슨 일이냐 이르되 나사렛 예수의 일이니 그는 하나님과 모든 백성 앞에서 말과 일에 능하신 선지자이거늘 우리 대제사장들과 관리들이 사형 판결에 넘겨 주어 십자가에 못 박았느니라. 우리는 이 사람이 이스라엘을 속량할 자라고 바랐노라. 이뿐 아니라 이 일이 일어난 지가 사흘째요 또한 우리 중에 어떤 여자들이 우리로 놀라게 하였으니 이는 그들이 새벽에 무덤에 갔다가 그의 시체는 보지 못하고 와서 그가 살아나셨다 하는 천사들의 나타남을 보았다 함이라. 또 우리와 함께한 자 중에 두어 사람이 무덤에 가 과연 여자들이 말한 바와 같음을 보았으나 예수는 보지 못하였느니라 하거늘 이르시되 미련하고 선지자들이 말한 모든 것을 마음에 더디 믿는 자들이여, 그리스도가 이런 고난을 받고 자기의 영광에 들어가야 할 것이 아니냐 하시고 이에 모세와 모든 선지자의 글로 시작하여 모든 성경에 쓴 바 자기에 관한 것을 자세히 설명하시니라. 그들이 가는 마을에 가까이 가매 예수는 더 가려 하는 것같이 하시니 그들이 강권하여 이르되 우리와 함께 유하사이다. 때가 저물어 가고 날이 이미 기울었나이다 하니 이에 그들과 함께 유하러 들어가시니라. 그들과 함께 음식 잡수실 때에 떡을 가지사 축사하시고 떼어 그들에게 주시니 그들의 눈이 밝아져 그인 줄 알아보더니 예수는 그들에게 보이지 아니하시는지라. 그들이 서로 말하되 길에서 우리에게 말씀하시고 우리에게 성경을 풀어 주실 때에 우리 속에서 마음이 뜨겁지 아니하더냐 하고 곧 그때로 일어나 예루살렘에 돌아가 보니 열한 제자 및 그들과 함께 한 자들이 모여 있어 말하기를 주께서 과연 살아나시고 시몬에게 보이셨다 하는지라. 두 사람도 길에서 된 일과 예수께서 떡을 떼심으로 자기들에게 알려지신 것을 말하더라. 눅 24:13-35

마태, 마가, 누가, 요한의 복음서는 모두 예수님의 부활 이야기로 끝을 맺고 있습니다. 그런데 그들이 전해 주는 그 부활 이야기들은 우리를 적잖이 실망시킵니다. 하나님의 아들을 몰라본 사람들이, 그 완악하고 포악한 유대인들과 로마인들이 예수님을 고문하고 희롱하고 잔인하게 죽였습니다. 그런데 그 예수님이 다시 살아나셨습니다. 그런데 왜 예수님은 자신을 그렇게 고문하고 희롱하고 잔인하게 죽인 그 인간들 앞에 짠하고 나타나지 않으신단 말입니까? 왜 짠하고 나타나서 그들을 응징하거나, 적어도 그들을 벌벌 떨게 만들어 그들을 회개하도록 만들지 않으신단 말입니까?

여러분은 어떠신지 몰라도, 저는 이 엔딩이 마음에 들지 않았습니다. 초등학교 5학년 때 처음 이 이야기를 들었을 때도 참 실망스러웠고, 솔직히 지금도 제 안의 초등학교 5학년 이종태는 여전히 이 엔딩이 마음에 들지 않습니다. 시시합니다. 통쾌하지 않습니다.

그런데 가만 생각해 보면, 우리가 예수님의 부활 이야기를 듣고 느끼는 이런 실망감은, 예수님의 제자들이 예수님이 십자가에 달려 돌아가셨을 때 느꼈던 실망감과 크게 다르지 않은 것 같습니다. 그들은 왜 실망했습니까? 그들이 메시아로 믿었던 예수님이 그들이 기대했던 메시아의 모습이 아니었기 때문이었습니다. 돌로 떡을 만들어 먹고사는 문제를 단번에 해결해 주고, 고층 건물에서 뛰어내려도 천사들이 나타나 하나도 다치지 않게 해주는 기적을 연출해서 자신이 하나님의 아들이라는 것을 확실하게 보여주고, 또 세상 모든 정치 권력 위에 군림하는 권력을 획득하여 신권 통치를 이룩하는 그런 신적 위용을 갖춘 메시아가 아니었기 때문입니다.

예수님이 하신 일은 무엇이었습니까? 예수님이 하신 일은 **이야기**를 들려주시는 것이 전부였습니다. 스토리를 들려주시는 것이 전부였습니다. 우리 예수님은 스토리텔러이셨습니다. 네, 기적을 행하시기도 했습니다. 하지만 그 기적들은 초자연적 힘을 과시하기 위한 것이 아니라, 하나님 나라를 상징하는 것들이었습니다. 사람들을 압도하여 굴복시키는 기적들이 아니라, 사람들에게 하나님 나라의 신비를 깨닫게 해주려는 것들이었습니다.

예수님이 보여주신 모습은 하나님의 아들과는 너무도 거리가 멀었습니다. 하나님의 아들이 무엇입니까? 하나님의 아들은, 다시 말하면 하늘의 아들, 곧 **천자**天子입니다. 천자란 무엇입니까? 천자란 '황제', '가이사'입니다.

그러나 우리 주님 예수 그리스도는 황제가 아니셨습니다. 오히려 이 세상 황제에 의해 무력하게 십자가에 달려 죽으셨습니다. "우리에게는 가이사 황제만이 왕일 뿐인데, 이자가 자신을 왕이라고 한다"는 유대 지도자들의 악랄한 고소와, 로마법상 예수님에게는 사형 선고를 받을 만한 죄가 없다는 것을 알면서도 군중의 고함소리와 황제에게 오해받을 것을 두려워한 본디오 빌라도에 의해, 예수님은 황제의 법정에서 심문받으시고, 황제의 군인들에게 고문과 희롱을 당하시고, 황제가 제국의 안녕을 위해 도입한 잔인한 사형 도구에 달려 죽음을 맞으셨습니다.

본문 말씀은 바로 이런 실망과 실의 속에서 예루살렘을 떠나 엠마오로 내려가고 있는 두 제자의 모습을 그립니다. 예수님의 뒤를 좇아 흥분과 기대감 속에서 예루살렘으로 올라갔을 그들이지만, 이제 그들은 하나님의 성전이 있는 그곳을 떠나, 그 길을 터벅터벅 내려오고 있습니다. 이런 그들에게 나그네로 보이는 한 낯선 사람이 나타나 그들의 길에 **동행**합니다.

그들은 그가 누구인지 알아보지 못합니다. 그저 자신들처럼 명절을 맞아 예루살렘에 올라왔다가, 이제 다시 전에 살던 곳으로 내려가는 사람일 것이라고 생각합니다.

그 낯선 이를 길동무 삼아, 그들은 그 특별할 것 없어 보이는 사람과 대화를 나눕니다. 그런데 이야기를 몇 마디 주고받다가 이내 그들은 그 낯선 사람에게 핀잔을 줍니다. 왜냐하면 그 사람은 온 세상 사람들이 다 알고 있는 뉴스를 모르는 듯했기 때문입니다. 그들은 말합니다.

"아니, 참 답답한 양반이네. 그래, 당신은 요 며칠간 예루살렘을 떠들썩하게 했던 일에 대해 모른단 말이오?"

그러면서 아마 그들은 가방에서 그날 아침에 나온 조간 예루살렘 타임지를 꺼내서 그 낯선 사람에게 보여주었을 것 같습니다. 그 신문의 사회면을 펼쳐 보니 한쪽 구석에 이런 기사가 실려 있었습니다.

"며칠 전, 예수라는 이름의 유대인이 유대 성전과 로마 황제를 모독한 죄로 십자가형을 받아 처형되었다. 그는 유대 땅 나사렛이라는 동네 출신으로 목수의 아들이다. 일부 지각없는 백성들이 그를 유대 민족을 구원해 줄 메시아로 믿고 따랐으나, 그가 처형되자 모두 흩어져 도망갔다."

명절을 맞아 예루살렘에 올라올 정도의 종교심이 있는 유대인이라면 당연히 알았어야 할 이런 뉴스도 모르는 것처럼 보이는 그 낯선 사람이 두 사람은 답답했습니다. 그들은 핀잔을 줍니다. "어찌하여 그런 것도 모른단 말이오?"

그런데 마음속 깊이 숨은 절망과 두려움으로부터 내뱉어지는 듯한 그들의 시시한 핀잔에 그 낯선 사람이 한 응대는, 마치 그들을 단번에 하나님의 심판대 앞에 세우는 듯한 예언자적 위엄과 울림을 갖춘 꾸짖음이었습니다.

"이 어리석은 이들아."

이 어리석은 이들아! 그것은 꾸짖음이었지만, 호통이었지만, 신비하게도 그 꾸짖음은 그들의 마음 깊은 곳에 숨어 요동하고 있는 절망감과 두려움의 파도를 꾸짖어 잔잔하게 만들어 버리는 듯한 위엄 어린 꾸짖음이었습니다.

알 수 없는 희망감을 불러일으키는 그런 신비한 꾸짖음 뒤에, 그 낯선 사람은 자신의 가방을 열어 무언가를 꺼내 듭니다. 그것은 예루살렘 타임지가 아니라 닳고 닳은 성서였습니다. 그러고는 그 낯선 이는 성서를 펴서는 그들에게 이야기를 들려주기 시작했습니다. 그 이야기는 태초로부터 시작하여 종말까지 이어지는 이야기, 천지 창조로부터 시작하여 하나님이 써내려가고 계신 이야기, 조간신문에서는 읽을 수 없는 이야기, 신문사 기자의 눈으로는 도저히 알아볼 수 없는 차원의 이야기, 오직 거룩하신 하나님의 예언자들만이 보도해 줄 수 있는 그런 거대한 이야기였습니다.

그 낯선 이는 그 제자들의 눈을 열어, 하나님이 써내려가고 계신 그 거대한 이야기의 중심 주제가 무엇이며, 그 거대한 이야기의 뜻을 푸는 실마리가 무엇인지를 보게 해주었습니다. 예언자들을 사로잡았던 그 하나님의 영에 사로잡힐 때만 깨달을 수 있는 성서의 뜻을, 역사의 의미를 보게 해주었습니다. 그러자 무슨 일이 벌어졌습니까?

그들의 마음이 뜨거워졌습니다! 말씀이, 하나님의 말씀이,

그들의 마음을 뜨겁게 한 것입니다. 그들의 마음속에 있던 그 실의를, 그 좌절을, 그 의심을, 그 두려움을 태워 버린 것입니다! 세상이 들려주는 뉴스가 아니라, 하나님이 선포하시는 뉴스, 'Good News', 복음을 듣게 되자, 그들의 마음이 뜨거워진 것입니다.

그들의 마음을 뜨겁게 한 복음이 무엇입니까? 바로 **하나님이 우리를 구원하신다**는 것입니다! 무엇으로 구원하시는 것입니까? 바로 **십자가의 길과 부활의 능력**으로 우리를 구원하신다는 것입니다. 십자가의 길을 가신 하나님의 아들 예수 그리스도를 통해 이 세상에 부활의 능력이 들어왔다는 복음입니다. 또 이 부활의 능력을 힘입어 우리도 십자가의 길을, 그 참된 구원의 길을 갈 수 있다는 복음입니다.

이 복음을 그들은 들었습니다. 성서 외에는 그 어떤 데서도 배울 수 없는 이 구원의 복된 소식을 그들은 들었습니다. 말씀을 들은 제자들은 말씀이 더 듣고 싶어졌습니다. 그래서 두 제자는 그 낯선 사람에게 그들의 저녁 식사 자리에 손님이 되어 주시길 간청합니다.

그 스토리텔러는 그 초대에 응합니다. 그런데 그 말씀의 사람을 손님으로 모신 그 식탁에서 또 신비로운 일이 벌어집니다. 그 말씀의 사람은 분명 그들이 손님으로 맞아들인 사람인데, 어느덧 그가 그 식탁의 주인이 되어 있습니다. 마치 주인처럼 그는 그 식탁에서 빵을 들어 감사의 기도, 축복의 기도를 하고는 그 빵을 떼어 그 두 제자에게 나누어 줍니다.

이때, 바로 이때 그들의 눈이 열려 그들은 그 낯선 사람이 다름 아닌 부활하신 예수 그리스도시라는 것을 알아보게 됩니다. 눈이 뜨인 그들은 부활하신 주님을 알아보게 됩니다.

참으로 신비롭습니다. 그리고 참으로 의미 깊은 이야기입니다. 그들이 부활하신 주님을 만난 것은 언제였습니까? 다름 아니라, 그들이 식탁에서 **대접**받을 때였습니다. 그리스도가 주인이신 식탁에서 그들이 **대접**받을 때였습니다.

부활하신 그리스도께서 그들 앞에서 떡을 들어 축사하시고 그들에게 떼어 주셨을 때, 그들은 무엇을 기억했을까요? 아마 그들은 떠올렸을 것입니다. 바로 예수께서 세상에서 베푸셨던 식사 자리, 권력가들, 도덕가들, 종교인들, 학자들, 재력가들이 자기들의 식탁에서 쫓아낸 사람들을 불러 모아, 그 죄인들, 세리들, 창녀들, 가난한 이들과 더불어 떡과 잔을 나누시며, 세상이 무시하는 그들을 하나님의 존귀한 아들로, 하나님의 존귀한 딸로 **대접**하여 주시던 그 식사 자리. 이 세상이 줄 수 없고, 이 세상이 알 수 없는 그 신비로운 해방감, 자유, 기쁨이 그네들의 온몸과 마음을 휘감고 춤추게 했던 그 식탁을, 그 주님의 식탁, 그 구원의 식탁을, 두 제자는 그 순간 기억했을 것입니다.

그 식탁에서 예수께서 "이것은 너희를 위하여 찢는 내 몸이다", "이것은 너희를 위하여 흘리는 내 피다" 하신 말씀을 그들은 기억했을 것입니다.

그런데 부활의 신비는 여기서 멈추지 않습니다. 본문 말씀은 또 무엇이라 이야기합니까? 그 제자들이 그렇게 부활하신 주님을 알아본 순간, 주님께서는 그들의 눈에서 사라져 버리십니다. 부활을 깨닫는 순간, 예수의 몸이 제자들의 눈에서 사라지시는 것입니다. 여러분, 이는 또 무슨 뜻을 품고 있는 신비이겠습니까?

이 뜻을 푸는 실마리 역시 우리는 성서에서 찾을 수 있습니다. 눈이 열려 제자들이 주님의 부활을 알아본 자리에서 주님의 몸이 사라지시는 것은, 그렇게 눈이 열려 주님의 부활을 알아보고, 증거하고, 그 부활생명을 살아 내는 사람들, 부활의 능력을 힘입어 십자가의 길을 가는 사람들, 바로 그리스도의 사람들, 바로 교회가, 에클레시아가 이제 그리스도의 몸이기 때문입니다!

부활하신 그리스도는 이제 그리스도의 몸인 교회를 통해, 그리스도의 부활생명을 힘입어 십자가의 길을 가는 그리스도인들을 통해 이 땅에서 살아 움직이고 계시기 때문입니다.

이것이 부활의 신비입니다. 부활은 예수께서 **사라지시는 것**입니다. 부활은 죽었던 사람이 짠하고 나타나 사람들에게 겁을 주는 것이 아니라, 말씀을 듣고 마음이 뜨거워진 사람들이 나타나는 것입니다. 그리스도의 사람들이 나타나는 것입니다. 그리스도를 기억하고, 그리스도의 부활생명을 받은 사람들이 나타나는 것입니다. 그리스도의 몸이 나타나는 것입니다.

부활하신 주님을 만난 두 제자는 어떻게 되었습니까? 그들은 **올라갔습니다**. 예루살렘으로 다시 올라갔습니다! 실의와 두려움과 의심 속에서 엠마오로 내려가던 길에서 다시 예루살렘으로, 주님을 만났던 곳으로, 주님께 헌신을 다짐했던 곳으로, 주님께서 십자가에 못 박히신 곳으로, 부활을 믿고 살아 내는 그리스도의 몸이 있는 곳으로, 교회가 있는 곳으로 다시 올라갔습니다! 마치 전에 주님이 그러셨듯이, 주님께서 십자가가 앞에 기다리고 있을 것임을 알면서도 분연히 예루살렘으로 올라가셨던 것처럼, 이제 그리스도의 몸의 지체가 된 두 제자도 그렇게 예루살렘으로 **올라가는** 것입니다. 이것이 바로 부활의 증인 되는 삶입니다.

여러분은 지금 어디로 가고 계십니까?

어디로 가고 있는지 모르십니까? 그렇다면 여러분은 지금 엠마오로 내려가고 있는 것입니다. 엠마오는 정확히 어디인지 알지 못하는 곳입니다. 하지만 우리는 다 엠마오가 어디인지 알고 있습니다. 그곳은 우리가 믿음을 떠나, 두려움과 절망과 의심을 품고 터벅터벅 걸어 내려가는 곳입니다.

그러나 기억하시기 바랍니다. 여러분이 그렇게 내려가고 있는 그 길에, 어느덧 여러분의 곁에 다가와 여러분에게 말을 거는, 어떤 신비한 현존이 있습니다. 그 현존 가운데 들려오는 말씀들과 표징들을 예사롭게 여기지 마십시오.

그분은 바로, 여러분의 주님, 우리들의 주님이시기 때문입니다. 우리 주님께서는 참으로 다시 사셨기 때문입니다.

와서 조반을 먹으라

요한이 보낸 자가 떠난 후에 예수께서 무리에게 요한에 대하여 말씀하시되 너희가 무엇을 보려고 광야에 나갔더냐. 바람에 흔들리는 갈대냐. 그러면 너희가 무엇을 보려고 나갔더냐. 부드러운 옷 입은 사람이냐. 보라. 화려한 옷을 입고 사치하게 지내는 자는 왕궁에 있느니라. 그러면 너희가 무엇을 보려고 나갔더냐. 선지자냐. 옳다. 내가 너희에게 이르노니 선지자보다도 훌륭한 자니라. 기록된 바 보라. 내가 내 사자를 네 앞에 보내노니 그가 네 앞에서 네 길을 준비하리라 한 것이 이 사람에 대한 말씀이라. 내가 너희에게 말하노니 여자가 낳은 자 중에 요한보다 큰 자가 없도다. 그러나 하나님의 나라에서는 극히 작은 자라도 그보다 크니라 하시니 모든 백성과 세리들은 이미 요한의 세례를 받은지라. 이 말씀을 듣고 하나님을 의롭다 하되 바리새인과 율법 교사들은 그의 세례를 받지 아니함으로 그들 자신을 위한 하나님의 뜻을 저버리니라. 또 이르시되 이 세대의 사람을 무엇으로 비유할까. 무엇과 같은가. 비유하건대 아이들이 장터에 앉아 서로 불러 이르되 우리가 너희를 향하여 피리를 불어도 너희가 춤추지 않고 우리가 곡하여도 너희가 울지 아니하였다 함과 같도다. 세례 요한이 와서 떡도 먹지 아니하며 포도주도 마시지 아니하매 너희 말이 귀신이 들렸다 하더니 인자는 와서 먹고 마시매 너희 말이 보라. 먹기를 탐하고 포도주를 즐기는 사람이요 세리와 죄인의 친구로다 하니 지혜는 자기의 모든 자녀로 인하여 옳다 함을 얻느니라. 눅 7:24-35

"저 먹보!", "저 술꾼!"
사람들이 예수님을 두고서 한 말입니다. 한번은 예수께서 세상 사람들을 두고 이런 말씀을 하셨습니다.

너희는 세례 요한이 와서 빵도 먹지 않고 포도주도 마시지 않는 것을 보고는 "저 사람은 귀신 들렸어" 그러더니, 인자가 와서 먹기도 하고 마시기도 하는 것을 보고는 "저 사람은 먹기를 탐하고 포도주를 즐기는 사람"이라고 하는구나. 33-34절 참조

먹보라는 말이지요. 사람들은 예수님을 먹보라고 욕했습니다. 또 술꾼이라고 욕했습니다. 금식을 밥 먹듯이 했던 세례 요한을 두고는 손가락질하면서 "저 사람은 귀신 들렸어", "미쳤어", "정상이 아니야", "정신적으로 건강하지 못해", "광신자야" 그랬던 이들이, 이제 사람들과 더불어 식사하기를 즐기시는 예수님을 보고는 손가락질하면서 "저 먹보, 저 술꾼" 그랬습니다. "종교인이 뭐 저래" 그랬습니다.
사실 사람들과 같이 밥 먹기를 즐기셨던 예수님의 모습은 당시 종교인들, 신심 깊은 종교인들의 모습과 사뭇 달랐습니다.

한번은 세례 요한의 제자들이 예수님께 와서 이렇게 물었습니다. "우리와 바리새파 사람은 자주 금식을 하는데, 왜 선생님의 제자들은 금식을 하지 않습니까?"마 9:14, 새번역 "진지한 종교인들은 자주 금식을 하는데, 왜 선생님의 제자들은 금식을 하지 않습니까?" 예수님의 대답은 이것이었습니다.

혼인집 손님들이 신랑과 함께 있을 동안에 슬퍼할 수 있느냐. 그러나 신랑을 빼앗길 날이 이르리니 그때에는 금식할 것이니라.15절

무슨 말씀인가요? 지금은 잔치할 때라는 것입니다! 기쁘게 잔치할 때라는 것입니다. 지금은 슬프게 금식할 때가 아니라 기쁘게 잔치할 때라는 것입니다.

왜 그런가요? 왜 지금은 잔치할 때라고 하시는 것일까요? 경사가 났기 때문입니다! 경사. 좋은 일, 너무도 좋은 일, 너무도 기쁜 일. 도무지 믿어지지 않을 만큼 너무도 좋은 일, 기쁜 일, 큰 경사, 어마어마한 경사가 벌어졌기 때문입니다. 그 경사가 무엇입니까? 그 어마어마한 경사란 무엇입니까?

주님이 오신 것입니다! 주님이 이 세상에 오신 것입니다. 하나님의 아들이 이 세상에 오신 것입니다. 하나님의 아들께서, 성자께서, 사람을 찾아, 잃어버린 자들을 찾아, 구원하시러 이 세상에 오신 것입니다. 하나님이 세상을 이처럼 사랑하사 독생자를 세상에 주신 것요 3:16입니다.

주님이 오신 것, 주님이 우리를 찾아오신 것. 이보다 더 큰 경사가 어디 있겠습니까? 지금은 잔치할 때라고 말씀하신 것은

부활

바로 이런 경사가 벌어졌기 때문입니다. 바로 예수님 자신이, 예수 그리스도, 그분의 존재 자체가 바로 경사이기 때문입니다. 어마어마한 경사, 감히 인류가 꿈도 꾸지 못했던 경사이기 때문입니다. 그래서 예수 그리스도께서 계신 곳에는 잔치가 벌어집니다. 기쁨의 잔치, 사람이 감히 꿈도 꾸어 보지 못한 기쁨의 잔치가 벌어집니다.

사람들은 이 잔치를 알아보지 못했습니다. 바로 세례 요한의 금식을 조롱했던 이들, 그들은 이 잔치를 알아보지 못합니다. 세례 요한의 금식, 죄를 슬퍼하는 인간, 심판을 두려워하는 인간, 죽음의 문제와 씨름하는 인간의 금식, 그런 **종교적 인간**의 금식을 조롱하는 이들, 그런 예언자, 수도자, 종교인들을 손가락질하며 왜 저러는지 모르겠다고, 정상이 아니라고, 정신적으로 건강하지 못해서 그런 것이라고, 광신자들이라고 조롱하는 이들은 알아보지 못합니다. 그리스도의 잔치를 알아보지 못합니다. 그리스도께서 이 땅에 가져오신 그 기쁨의 잔치를 알아보지 못합니다.

아니, 사실 그리스도께서 이 땅에 가져오신 그 기쁨의 잔치는 세례 요한의 제자들도, 세례 요한의 금식의 영성을 따르는 이들도 쉽게 이해할 수 없는 그런 것이었습니다. 왜 그렇습니까? 예수 그리스도는 세례 요한과도 다른 분이셨기 때문입니다. 세상이 낳은 최고 예언자요 수도자요 종교인이었던 세례 요한과도 다른, **질적으로** 다른 분이셨기 때문입니다. 예수 그리스도는 **하나님의 아들**이셨기 때문입니다. **하나님이 낳으신** 하나님의 아들, 하나님이 낳으시고 이 세상에 보내 주신 세상의 구원자이셨기 때문입니다. 예수께서도 인정하신 최고의 종교인 세례 요한은 세상의 구원자 예수 그리스도께서 오시는 길을 예비하는 사람이었을 뿐, 그리스도가 아니었습니다.

세례 요한은 그리스도가 아닙니다. **종교**는 구원이 아닙니다. 종교는 구원이 아니고 구원에 대한 갈망입니다. 생명에 대한, 영원한 생명에 대한 갈망입니다. 종교는 두려움입니다. 심판에 대한 두려움, 죽음에 대한 두려움입니다. 종교는 구원이 아니라, 두려움과 갈망입니다.

두려움과 갈망으로서의 종교가 도달하는 최고의 경지, 본연의 모습, 그것이 바로 **금식**fast입니다.

그렇다면 구원은 어떻게 임하나요? 구원은 어떤 모습으로 임합니까? 구원은 **금식을 깨뜨리며** 옵니다. 구원이 임하면 금식이 깨집니다. 종교가 깨집니다. 두려움과 갈망으로서의 종교가 깨집니다. 종교가 깨지고 대신 삶이 열립니다. 생명의 삶이 열립니다. 기쁨이 터져 나옵니다. 환희가 터져 나옵니다. 잔치가 시작됩니다. 금식fast이 깨지고 잔치feast가 시작됩니다.

예수 그리스도, 하나님의 아들, 세상의 구원자 예수 그리스도께서는 이 땅에 바로 이런 잔치를 가져온 분이십니다. 두려움이 아니라 사랑이, 갈망이나 갈증이 아니라 충만이 넘치는 잔치, 하늘 기쁨의 잔치, 금식을 깨뜨리는break 잔치, 구원의 잔치, 생명의 잔치를 가져온 분이십니다.

주님께서 제자들에게 "이리 와서 밥 먹어라. 금식을 깨뜨리고 이리 와서 밥 먹어라" 하신 적이 있습니다. 언제였습니까? **새벽**이었습니다. 부활 새벽, 부활하신 주님께서 제자들을 찾아오신 새벽이었습니다. 그 새벽에 주님께서는 허기지고 창백해져 있던 제자들을 찾아와 말씀하셨습니다. 그들을 위해 호숫가에 생선과 떡으로 상을 차려 주시고는 그들에게 말씀하셨습니다.

> Come and break your fast. 요21:12, ASV
> 오라.
> 와서, 너의 금식을 깨뜨려라.
> 금식을 깨고 밥 먹어라.
> 와서 조반을 먹어라.

새번역은 이 구절을 "와서 아침을 먹어라"고 번역하고 있지요. 영어 성경 대부분도 이 구절을 "Come and have breakfast"라고 옮기고 있습니다. 그런데 'breakfast'가 무엇인가요? 'fast'를 'break'한다는 것이지요. 금식을 깨뜨린다는 말입니다.

영어도 그렇고 헬라어에서도 '조반' 곧 새벽에 먹는 밥, 아침밥, 새날이 밝아 왔을 때 먹는 밥을 뜻하는 말은 '금식을 깨뜨리다'라는 말에서 온 말입니다. 종교적 기원을 가진 말입니다.

그래서 보다 직역을 중시하는 영어 성경들은 이 구절을 말 그대로 "Come and break your fast"라고 옮기고 있습니다.

> Come and break your fast.
> 오라.
> 나에게 오라.
> 나의 잔치에 오라.

나의 잔치,

너의 금식을 깨뜨려 주는

나의 잔치에 들어오라.

너의 두려움을 내쫓아 주는

나의 사랑 속으로 들어오라.

너의 죄를 용서해 주는

나의 용서 속으로 들어오라.

너의 상처를 치유해 주는

나의 위로 속으로 들어오라.

너의 슬픔을 감싸 주는

나의 기쁨 속으로 들어오라.

너의 약함 속에서 온전하여지는

나의 능력 속으로 들어오라.

너의 죽음을 이겨 주는, 넉넉히 이기는

나의 부활 속으로 들어오라.

나의 부활생명 속으로 들어오라.

들어와 먹고 마셔라.

생명의 떡을 먹어라.

구원의 잔을 마셔라.

예수 그리스도는 구원이십니다. 부활이십니다. 생명이십니다. 용서이십니다. 위로이십니다. 능력이십니다. 기쁨이십니다.

이 기쁨, 능력, 위로, 용서, 생명, 부활, 구원을 받아들이는 것, 영접하는 것, 먹고 마시는 것이 믿음입니다.

믿음이란 가장 어려운 것이면서 동시에 가장 쉬운 것입니다. 믿음이란 그냥 부르는 것입니다. 예수의 이름을 부르는 것입니다. 두려울 때 예수의 이름을 부르며, 그 두려움을 내쫓아 주는 예수님의 사랑을 내 안에 받아들이는 것입니다.

죄를 깨달을 때 예수의 이름을 부르며, 나의 죄를 용서해 주는 예수님의 용서를 내 안에 받아들이는 것입니다.

상처를 받았을 때 예수의 이름을 부르며, 나의 상처를 치유해 주는 예수님의 위로를 내 안에 받아들이는 것입니다.

슬플 때 예수의 이름을 부르며, 나의 슬픔을 감싸 주는 예수님의 기쁨을 내 안에 받아들이는 것입니다. 기쁨 속으로 들어오라.

약할 때 예수의 이름을 부르며 '약할 때 강함 주시는' 예수님의 능력을 내 안에 받아들이는 것입니다. 그 생명을 먹고 마시는 것입니다.

먹고 마시면 됩니다. 예수라는 이름의 잔치가 벌어졌기 때문입니다. 그 잔치로 우리를 초대하셨습니다. Come and break your fast!

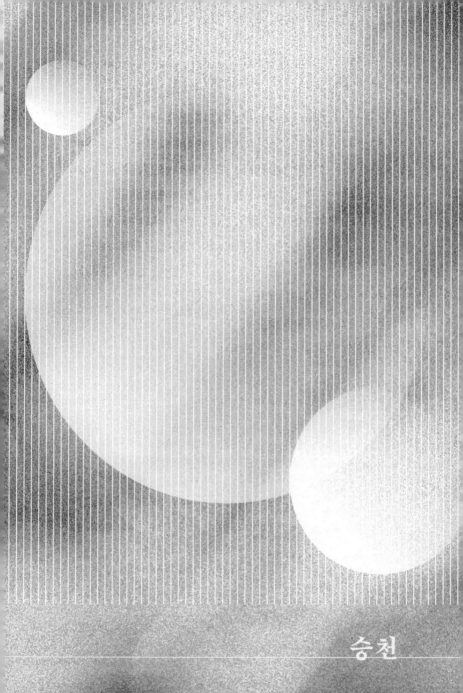

승천

눈을 들어
하늘을 보십시오.
무엇을 보십니까?

움직이는 몸

❖

그들이 모였을 때에 예수께 여쭈어 이르되 주께서 이스라엘 나라를 회복하심이 이때니이까 하니 이르시되 때와 시기는 아버지께서 자기의 권한에 두셨으니 너희가 알 바 아니요 오직 성령이 너희에게 임하시면 너희가 권능을 받고 예루살렘과 온 유대와 사마리아와 땅 끝까지 이르러 내 증인이 되리라 하시니라. 이 말씀을 마치시고 그들이 보는데 올려져 가시니 구름이 그를 가리어 보이지 않게 하더라. 올라가실 때에 제자들이 자세히 하늘을 쳐다보고 있는데 흰옷 입은 두 사람이 그들 곁에 서서 이르되 갈릴리 사람들아, 어찌하여 서서 하늘을 쳐다보느냐. 너희 가운데서 하늘로 올려지신 이 예수는 하늘로 가심을 본 그대로 오시리라 하였느니라. 행 1:6-11

사람이 죽었을 때 흔히 우리는 '돌아가셨다'고 말합니다. 돌아가셨다. 왔던 곳으로 돌아가셨다는 뜻이지요. 그런데 어디로 돌아가는 것입니까? 사람은 어디로 돌아가는 것인가요? 사람은 어디서 와서 어디로 돌아가는 것입니까?

종교마다 철학마다 생각이 다르지요. 그런데 모든 종교가, 또 모든 철학이 감히 생각하지 못했던 일, 아니, 감히 꿈도 꾸지 못했던 일이 이 세상에 일어났습니다. 그리스도교 신앙은 바로 그런 일, 모든 종교와 철학이 감히 꿈도 꾸지 못했던 일이 이 세상에 일어났다고 고백하고 전하는 신앙입니다. 그 일이 무엇입니까? 그 새롭고 놀라운 일이 무엇입니까?

바로 부활입니다. 승천입니다. 왜 부활이, 승천이 모든 종교와 철학이 감히 생각지 못한 일, 감히 꿈도 꾸지 못한 일일까요? 사람이 어디서 와서 어디로 가는지에 대해 종교마다 철학마다 생각이 달랐지만, 모든 종교와 철학은 한 가지 점에서 생각이 같았습니다. 그것은 사람이 죽는다는 것, 사람이 돌아간다는 것은 어디로 가는 것이든, 아무튼 몸을 땅에 묻고 가는 것이라는 생각이었습니다.

그런데 부활이란 무엇인가요? 승천이란 무엇인가요? 부활 승천이 말씀하는 바는, 사람 중에 몸을 묻고 돌아간 것이 아니라 몸을 **가지고** 돌아간 사람이 있다는 것입니다! 몸을 묻고 돌아가신 것이 아니라, 몸을 가지고 돌아가신 사람. 누구이십니까? 바로 예수 그리스도이십니다. 예수 그리스도는 몸을 묻고 돌아가신 분이 아니라, 몸을 가지고 돌아가신 분입니다. 본문 말씀은 '돌아가시는' 예수님에 관한 말씀입니다.

이 말씀을 하신 다음에, 그가 그들이 보는 앞에서 들려 올라가시니, 구름에 싸여서 보이지 않게 되었다.9절, 새번역 예수께서 돌아가셨습니다. 어디로 돌아가셨나요? **하늘**로 돌아가셨습니다. 하나님께로 돌아가셨습니다. 하늘에 계신 아버지 하나님께로 돌아가셨습니다. 그런데 그렇게 돌아가신 예수는 죽은 예수가 아니라 다시 사신 예수입니다. 부활하신 예수입니다. 다시 말해, 예수께서는 몸을 가지고 돌아가셨습니다. 예수께서는 땅에 몸을 묻고 돌아가신 것이 아니라 몸을 가지고, 부활의 몸을 가지고 하늘로 돌아가셨습니다! 이것이 바로 복음입니다! 기쁨의 좋은 소식입니다. 그리스도의 교회가 믿고 전하고 가르치고 노래하는 기쁨의 좋은 소식입니다.

같은 사건을 전하는 누가복음은 이렇게 전합니다. 부활의 몸을 가지고 하늘로 돌아가신 예수 그리스도를 본 제자들은 기쁨이 넘쳤다고, "큰 기쁨"24:52이 넘쳤다고 전하고 있습니다.

왜 기쁨이 넘쳤을까요? 예수께서 돌아가셨는데 왜 기쁨이 넘쳤을까요? 돌아가셨다는 것은 이제 더 이상 여기서 뵐 수 없다는 것인데, 왜 그것이 기쁜 일이 될 수 있을까요?

왜냐하면 주님께서는 **하늘로** 돌아가셨기 때문입니다. 주님께서는 **몸을 가지고** 하늘로 돌아가셨기 때문입니다. 몸을 가지고 하늘로 돌아가셨다는 말씀은, 사실 주님께서는 이제 전보다 더 가까이 우리에게 오셨다는 말씀이기 때문입니다. 몸을 묻고 돌아가신 이들은 그렇지 않지요. 몸을 묻고 돌아가신 이들은 그렇게 돌아가신 다음에는 이제 여기에 있지 않습니다. 지금 여기에 우리와 함께 있지 않습니다. 그러나 몸을 가지고 하늘로 돌아가신 예수 그리스도, **부활하신** 예수 그리스도는 다릅니다. 주님께서는 지금 여기에 계십니다! 지금 여기에 우리와 함께 계십니다! 지금 여기에 우리와 함께하시며 살아 역사하고 계십니다! **몸을 움직이시며** 살아 역사하고 계십니다! 이것이 바로 승천의 의미입니다!

주님의 승천을 목도한 제자들에게는 기쁨이 넘쳤습니다. 큰 기쁨 가운데서 그들은 주님을 경배하고 찬양했습니다. 하늘에 오르시어 이 땅을 다스리시는, 또 하늘처럼 이제 이 땅 어디에나 임재하시는, 살아 계신 주님을 경배하고 찬양했습니다.

이 기쁨, 이 넘치는 기쁨이 바로 복음을 기쁨의 좋은 소식이게 하는 그 기쁨입니다. 복음을 전한다는 것은 바로 이 기쁨을 전하는 것입니다. "주님이 살아 계신다! 우리를 위해 오시고 죽으신 주님께서 부활하시고 하늘에 오르시어 이제 하늘에 계신 하나님의 보좌 우편에 앉으셨다!" 이렇게 전하는 것입니다. 노래하는 것입니다.

예수님의 승천에 대해 생각할 때 한 가지 짚고 넘어가야 할 것이 있습니다. 지금부터 드리는 말씀은 어떤 분들에게는 불필요한 이야기일 수 있지만, 아마 도움을 받으실 분들도 계시리라 생각됩니다.

승천은 말씀드린 대로 예수께서 하늘로 올라가신 것이지요. 그런데 예수님이 하늘로 올라가셨다는 것은, 예수님이 우리 눈에 보이는 저 물리적 하늘로 올라가셨다는 것이 아니라, 우리 눈에 보이지 않는 하늘, 영적인 하늘, 하나님이 계시는 하늘로 올라가셨다는 말씀입니다. 우리 눈에 보이는 물리적 하늘sky과 우리 눈에 보이지 않는 영적인 하늘, 하나님이 계시는 하늘Heaven은 서로 구분되어야 하는 것이지요. 하나님이 우리 눈에 보이는

승천

저 하늘에 계신다고 생각하는 분들은 아마 어린아이들이나 어린아이 같으신 분들을 제외하고는 별로 없을 것입니다.

2천 년 전 당시에도 유대인들은 보이는 하늘과 보이지 않는 하늘을 구분할 줄 알았습니다. 아니, 그보다 950여 년 전에 이미 솔로몬은 하나님이 우리 눈에 보이는 저 물리적 하늘에 계신 것이 아니라고 분명히 말한 바 있습니다. 열왕기상 8:27에서 솔로몬은 하늘 위의 하늘이라도 하나님을 모시기에 부족할 터인데 땅 위의 성전이야 더 말하여 무엇하겠냐고 기도한 바 있습니다.

승천이란, 부활하신 예수 그리스도께서 하나님이 계신 하늘에 오르셨다는 말씀입니다. 하늘에 계신 하나님의 보좌 우편에 앉으셨다는 말씀입니다. 그런데 어떻습니까? 누가복음과 사도행전에 나오는 예수님의 승천 이야기를 보면 그 이야기는 예수께서 우리 눈에 보이는 저 하늘로 올라가셨다는 이야기같이 들리지 않습니까? 예수님은 제자들이 보는 앞에서 하늘로 올라가셨지요. 어떻게 된 것입니까? 뭔가 앞뒤가 맞지 않다고 생각될 수 있습니다.

질문이 생겨나지 않을 수 없습니다. 이런 질문은 정직한 것이고 불신앙이 아닙니다. 어린아이가 아니고서야 당연히 갖게 되는 질문이지요. 지적으로도 정직한 신앙인이 되고자 하시는 분들이라면 가질 수 있는 질문입니다. 이 질문에 대해 여러분은 어떤 생각을 갖고 계십니까?

저는 여러분에게 이 질문에 대해 분명하고 확실한 답을 드리려는 것은 아닙니다. 제가 공부해 본 바로는 그런 답은 없습니다. 그 대신 저는 여러분에게 한 가지 질문을 드리고자 합니다.

제가 드리려는 질문은 이것입니다. 말씀드린 것처럼, 어린아이들은 어른들처럼 물리적인 하늘과 영적인 하늘을 잘 구분해서 생각하지 못합니다. 그런데 어떻습니까? 그런 어린아이들의 생각, 그런 어린아이 같은 생각은 과연 그저 틀린 생각에 불과할까요? 유치한 생각에 불과할까요? 어른들이 생각하는 것처럼 지식이 있다고, 머리가 컸다고 스스로 여기는 이들이 생각하는 것처럼 그렇게 유치하고 무식한 생각에 불과할까요?

그렇지 않다고 생각합니다. 예수님의 말씀이 옳다면, 사실 어린아이들은 하나님 나라에 가장 가까운 곳에서 뛰놀고 있는 이들입니다. 물리적인 세계와 영적인 세계를 잘 구분해서 생각하지 못하는 어린아이들은, 어쩌면 하나님 나라에 너무 가까이 살고 있는 이들이라 그런 것인지 모릅니다. 에베소서 1:10은 이렇게 말씀합니다.

> [이는] 하늘에 있는 것이나 땅에 있는 것이 다 그리스도 안에서 통일되게 하려 하심이라.

무슨 말씀인가요? 하나님은 장차 하늘과 땅을 하나로 통일시키실 것이라는 말씀입니다. 이 말씀에서 하늘이란 보이지 않는 세상을 가리키는 말이고, 땅이란 보이는 세상을 가리키는 말입니다. 무슨 말씀인가요? 하나님은 장차 보이는 세상과 보이지 않는 세상이 하나로 통일된 세상, 새로운 세상을 창조하실 것이라는 말씀입니다. 새 하늘과 새 땅의 세상, 새 창조의 세상을 창조하실 것이라는 말씀입니다. 보이는 세상과 보이지 않는 세상이 서로 동떨어진 별개가 아닌, 하나로 통일된 세상. 이런 세상은 지금 우리로서는 상상할 수 없는 세상입니다. 다시 어머니 뱃속으로 들어가 어린아이로 태어나지 않고서야 우리가 상상할 수 없는 세상입니다.

하지만 저는 누가가 전하는 그리스도의 승천 사건이란 바로 이 새 창조의 세상, 이 새롭고 놀라운 세상이 앞서 나타난 사건이었다고 생각합니다. 다시 말해, 예수님의 승천 때 제자들은 물리적 하늘과 영적 하늘이 서로 동떨어져 있지 않고 하나로 통일되어 있는 새 창조의 세상을 그 순간 잠시 미리 맛보았던 것이라고 생각합니다.

하나님이 그 부활의 증인들에게 그것을 허락해 주신 것이지요. 새 하늘과 새 땅의 세상은 영적인 것들을 정말 우리 눈으로 보고, 귀로 듣고, 손으로 만져 볼 수 있고, 먹고 마실 수 있는 그런 세상입니다. 하나님의 얼굴을 정말 뵙고, 하나님의 품에 정말 안기고, 천사들의 합창소리를 정말 듣고, 생명수를 정말 마시게 되는 그런 세상입니다.

이런 말을 하면 머리가 큰 어른들은 이해하기 어려워하지만, 주일 학교 아이들은 잘 받아들입니다. 어린아이이기 때문이지요. 그런데 예수님 말씀에, 머리가 큰 어른은 하나님 나라에 들어가기 어렵습니다. 큰 머리로 아무리 하나님 나라의 벽을 두드려 봐야 머리만 아프지 그 나라는 열리지 않습니다. 하나님 나라에 들어갈 수 있는 길은 오직 하나입니다. **다시 태어나는** 것, 물과 성령으로 다시 태어나는 것, 거듭나는 것, 다시 태어나 어린아이가 되는 것. 그 길밖에 없습니다.

거듭나셨습니까? 그렇다면 여러분 안에 기쁨이 있을 것입니다. 그리스도 안에서 하나님께서 새롭게 창조하실 그 새 하늘과 새 땅의 세상, 그 하나님 나라에 벌써부터 들어가 뛰노는 어린아이 같은 즐거움, 영적인 즐거움이 있을 것입니다.

눈을 들어 하늘을 보십시오. 무엇을 보십니까? 그저 허공이 보이십니까? 거듭난 이들, 거듭나 하나님 나라의 어린아이가 된 이들은 하늘을 볼 때 그저 허공을 보지 않습니다. 그들은 주님을 봅니다! 살아 계신 주님, 하늘에 오르사 하나님의 보좌 우편에 앉으신 주님을 봅니다. 우리를 위해 죽으신 주님을 봅니다. 부활하신 주님을 봅니다. 십자가의 능력으로 부활의 능력으로 온 땅을 다스리고 계시는 주님을 봅니다!

그러니 어찌 기쁘지 않을 수 있겠습니까? 그러니 어찌 노래하지 않을 수 있겠습니까?

오순

이 냉엄한 현실을
녹여 버리는 뜨거운 불,
그 불이 무엇입니까?

다락방 식탁

오순절이었습니다. 유월절로부터 오순, 五旬 곧 50일째 되는 날이었습니다. 그날 예수님의 제자들은 한곳에 모여 있었습니다. 다락방이었습니다. 흔히들 마가의 집 다락방이었다고 하는 방이었습니다.

그 방에서 그들은 "더불어 마음을 같이하여 오로지 기도에 힘"쓰고 있었습니다.행 1:14 그렇게 힘을 다해 기도하고 있던 그들에게 사건이 일어났습니다. 기도하고 있는데 갑자기 어디선가 소리가 들려왔습니다. 하늘에서 들려오는 소리였습니다. 세찬 바람이 부는 듯한 소리였습니다. 그 소리가 그들이 앉아 있는 그곳을 가득 채웠습니다. 그리고 무언가가 나타났습니다. 불이었습니다. 혀 같은 모양으로 갈라지는 불이었습니다. 그 불이, 그 불의 혀가 그들 각자에게 내려앉았습니다. 하늘에서 불어오는 세찬 바람소리가 그곳을 가득 채우고, 그곳에 모인 한 사람한 사람에게 불이 내려왔다고 전하면서 성서는 이렇게 말씀합니다.

거기 모여 있던 그들 모두가 "성령의 충만함을"^{행 2:4} 받았다.

성령 강림 사건이었습니다. 이 땅에 하늘의 영이 임한 일대 사건이었습니다. 성령 공동체, 교회, 에클레시아ekklesia가 탄생한 사건이었습니다.

교회는 **다락방**에서 탄생했습니다. 그런데 다락방이란 어떤 곳일까요? 우리는 기억합니다. 오순절 50일 전 그 유월절에도 제자들은 다락방에 모여 있었습니다. 그 방에서 그들은 무얼 하고 있었나요? 그들은 예수님과 더불어 유월절을 지키고 있었습니다. 유월절 절기를 지키는 예禮를 행하고 있었습니다. 그 방에서 그들은 예수님을 모시고 함께 유월절 음식을 나누고 있었습니다.

유월절은 어린양을 잡아 희생 제사를 드리고, 믿음의 식구들이 함께 모여 유월절 음식을 나누는 절기였습니다. 주지하듯이, 유월절은 하나님께서 애굽을 심판하실 때 문설주에 어린양의 피를 바른 히브리 사람들의 집들은 '넘어가 주셨던逾越' 것을 기념하는 날이었습니다. 그 출애굽 구원 사건을 기억하는 날이었습니다.

성서에서 '기억한다'는 말은 의미심장한 말입니다. 단순히 과거의 일을 회상하는 것 이상을 뜻합니다. 영어 단어 're-member'를 가지고 언어 유희로 말해 보자면, 기억한다는 것은 우리와 동떨어져 있던dis-membered 것을 다시re 우리의 일부로, 우리의 지체member로 삼는다는 것입니다. 이렇게 볼 때, 성서가 말하는 '기억하기'는 단순히 우리가 각자 머릿속에서 하는 어떤 사

오순

사로운 일이 아닙니다. 기억한다는 것은 우리가 **한 몸**共同體을 이루어 벌이는 명실상부 **공동체적 일**leitourgia입니다.

"가서, 우리가 먹을 수 있게 유월절을 준비하여라." 예수께서 베드로와 요한을 보내시며 말씀하셨습니다. 유월절을 지키시려는 것이었습니다. 그 절기를 지키는 성찬례聖餐禮를 행하시려는 것이었습니다. 분부를 들은 베드로와 요한이 예수께 여쭈었습니다. "어디에다 준비하기를 바라십니까?" 예수께서 대답하셨습니다. "너희가 성 안으로 들어가면, 물 한 동이를 메고 오는 사람을 만날 것이니, 그가 들어가는 집으로 따라가거라. 그리고 그 집주인에게 말하기를, '우리 선생님께서 당신에게 말씀하시기를, 내가 내 제자들과 함께 유월절 음식을 먹을 그 방이 어디에 있느냐고 하십니다' 하여라. 그러면 그 사람은 자리를 깔아 놓은 큰 다락방을 너희에게 보여줄 것이니, 너희는 거기에다 준비를 하여라." 눅 22:7-13, 새번역 말씀을 따라 베드로와 요한이 성 안으로 들어가니, 과연 예수께서 말씀하신 그대로 일이 되었습니다.

그렇게 다락방이 마련되었고 그 방에서 예수님과 제자들은 유월절을 지켰습니다. 그런데 이 다락방에서 일어난 일을 기억하려는 우리의 시선을 끄는 단어가 있습니다. 바로 "내가 내 제자들과 함께 유월절을 먹을 객실" 눅 22:11이라고 할 때 그 '객실'이라는 단어입니다. '객실'의 헬라어 원어는 '카탈리마'인데 이 단어는 '객실'을 뜻하기도 하지만 '여관'을 뜻하기도 합니다. 이 단어가 우리의 주목을 끄는 것은 신약성경 전체를 통틀어 '카탈리마'는 여기 말고 단지 두 군데 더 나오기 때문입니다. 한 곳은 마가복음 14:14인데, 위의 누가복음 본문과 같은 사건을 다루는 평행 본문입니다. 다른 한 곳은 누가복음 2:7입니다. 바로 "첫아들을 낳아 강보로 싸서 구유에 뉘었으니 이는 여관에 있을 곳이 없음이러라" 할 때 그 '여관'이 바로 '카탈리마'입니다.

우리는 기억합니다. 갓난아기 예수께서는 구유에 뉘이셨습니다. 어째서인가요? 여관에, 카탈리마에 있을 곳이 없었기 때문입니다. 그래서 예수께서는 마구간 같은 곳에 태어나셔서 구유에 뉘이셨습니다. 말이나 양들의 먹이를 담아 두는 여물통에 뉘이신 것입니다. 마치 양들의 먹이가 되기 위해 이 세상에 오신 듯 말입니다.

그런데 어떻습니까? 오늘 유월절에는 예수께서 들어가실 카탈리마가 마련되었습니다. 큰 다락방이 마련되었습니다. 그런데 기억하시나요? 예수님을 위해 준비되어 있던 그 방, 그 다락방에서 무슨 일이 있었나요? 우리는 기억합니다. 그 식사 자리, 그 유월절 성찬의 자리, 십자가를 목전에 둔 그 '마지막 만찬' 자리에서 예수께서는 말씀하셨습니다.

먹으라. 이것은 너희를 위해 찢기는 내 몸이다.
마시라. 이것은 너희를 위해 흘리는 내 피다.

무엇인가요? **먹을 것**을 주신 것이었습니다. 누구에게요? **양들에게요.** 자신의 양들인 제자들에게요. 무엇을요? **자기 자신을** 요. 목자이신 주님께서 **자기 목숨**을 내주시는 것이었습니다. 선한 목자이신 주님께서 양들을 위해 자기 목숨을 버리시는 것이었습니다. 자기 생명을 내놓으시며, "먹으라. 먹고 살라", "마시

오순

라. 마시고 살라" 말씀하시는 것이었습니다.

바로 이 다락방에서 성령이 임했습니다. 예수 그리스도께서 자신을 "우리의 유월절 양"고전 5:7으로 계시하신 곳, 그리고 그 계시에 응답하여 제자들이 그분의 이름으로 모여 기도한 곳, 바로 거기에 하늘의 영이 임했습니다. 생명의 영, 우리에게 생명을 주어 우리를 참으로 살리시는 영이 임했습니다. 그리하여 교회가 탄생했습니다. 성령 공동체가 탄생했습니다. '영의 사람들'이 태어났습니다.

사도행전은 다락방에서 탄생한 성령 공동체, 그 에클레시아의 삶을 이렇게 묘사합니다.

> 그들이 사도의 가르침을 받아 서로 교제하고 떡을 떼며 오로지 기도하기를 힘쓰니라. 행2:42

함께 모여 "떡을 떼었다"는 것이 무엇인가요? 밥을 같이 먹었다는 것인가요? 그렇습니다. 하지만 그 이상입니다. 떡을 떼었다는 것은 그저 밥을 같이 먹었다는 것이 아니라, **이 땅에 밥으로 오신 분을 기억**했다는 의미입니다. 이 땅에 밥으로 오신 분, 이 땅에 '생명의 떡'으로 오신 분 곧 예수 그리스도를 기억했다는 의미입니다.

기억하시나요? 예수님은 어떤 분이셨나요? 예수님은 사람들과 같이 밥 먹어 주신 분이셨습니다. 아무도 같이 밥 먹으려고 하지 않은 이들과 같이 밥 먹어 주신 분이셨습니다. 아무도 대접해 주지 않는 이들을 대접해 주신 분이셨습니다. 세상이 박대하는 그들을 하나님의 아들로, 하나님의 딸로 대접해 주시며 "여기 하나님 나라가 있다!"고 선포하신 분이셨습니다.

'대접한다'는 우리나라 말은 재미있습니다. '대접한다'는 것은 상대를 식탁에 초대해 함께 음식을 나눈다는 의미이면서, 동시에 상대를 귀하게 대우한다는 의미이기도 하기 때문입니다. 사실 그 둘은 뿌리에서 같은 것입니다. 상대를 식탁에 초대해 함께 음식을 나누며 상대를 귀하게 대우하는 것, 다시 말해 사람을 **대접**해 주는 것, 그것이 바로 예수 그리스도께서 이 세상에 오셔서 하신 일이었습니다. 또 예수께서 십자가에 못 박히신 이유이기도 했습니다. "어찌하여 저 예수는 죄인들과 함께 먹고 마시느냐?" 하는 것이 예수께서 세상의 미움을 받으신 죄목이었습니다. 마 9:11, 막 2:16, 눅 5:30

십자가에 달리시기 전날도 예수께서는 제자들과 식탁 교제를 나누고 계셨습니다. 우리는 기억합니다. 그 마지막 식사 자리에서 예수님은 밥을 가리키며 말씀하셨습니다. 이 떡은 너희를 위한 내 몸이다. 너희를 위해 깨뜨리는 내 몸이다. 이 잔은 너희를 위한 내 피다. 너희를 위해 흘리는 내 피다. 먹어라, 이 생명의 떡을 먹어라. 마셔라, 이 구원의 잔을 마셔라.

함께 모여 떡을 "떼었다"는 것은, 떡을 깨뜨렸다는break 것은, 바로 그렇게 우리 위해 자기 몸을 깨뜨리신 분, 그래서 우리에게 생명의 떡이 되신 분을 기억했다는anamnesis 의미입니다. 그렇습니다. 기억하며, 감사했다는eucharist 것입니다. 기억하며 회개했다는 것입니다. 기억하며 찬양했다는 것입니다. 기억하며 다짐했다는 것입니다.

오순

나도 대접하며 살겠노라고, 나도 세상이 대접해 주지 않는 이들을 대접해 주며 살겠노라고, 세상이 박대하는 이들을 환대해 주며 살겠노라고, 아무도 같이 밥 먹으려고 하지 않는 이들과 같이 밥 먹어 주겠노라고, 그들을 위해 따뜻한 밥 한 그릇, 시원한 냉수 한 사발 같은 존재가 되어 살겠노라고 마음먹었다는 것입니다. 바로 "그리스도 예수의 마음"빌 2:5을 먹었다는 것입니다.

그런 성찬聖餐이 있는 곳에 교회가 있습니다.

목숨 이상의 숨

여호와 하나님이 땅의 흙으로 사람을 지으시고 생기를 그 코에 불어넣으시니 사람이 생령이 되니라. 창 2:7

이날 곧 안식 후 첫날 저녁때에 제자들이 유대인들을 두려워하여 모인 곳의 문들을 닫았더니 예수께서 오사 가운데 서서 이르시되 너희에게 평강이 있을지어다. 이 말씀을 하시고 손과 옆구리를 보이시니 제자들이 주를 보고 기뻐하더라. 예수께서 또 이르시되 너희에게 평강이 있을지어다. 아버지께서 나를 보내신 것같이 나도 너희를 보내노라. 이 말씀을 하시고 그들을 향하사 숨을 내쉬며 이르시되 성령을 받으라. 요 20:19-22

히브리어로 '영'을 뜻하는 말은 '루아흐'입니다. 그런데 이 루아흐는 '숨breath'이나 '바람wind'이라는 뜻도 가집니다. 이렇게 성서가 말하는 영, 영성, 영적인 삶은 숨이라는 말, 바람이라는 말과 관련이 깊습니다.

숨이란 무엇인가요? 숨은 **생명**과 관계있는 말입니다. 생명

오순

이 있다는 것은 숨을 쉬고 있다는 말입니다. **살아 숨 쉬고 있다는** 것이 바로 생명이 있다는 것이지요.

또 바람이란 **운동**과 관계있는 말입니다. 바람은 운동을 일으킵니다. 움직임을 일으킵니다. 바람이 불면 뭔가가 일어납니다. 일이 일어납니다. 바람이 불지 않으면 아무 일도 일어나지 않지만, 바람이 불면 일이 일어납니다. 사건이 일어납니다. 변화가 일어납니다.

이렇게 성서적 의미에서 영이란, 루아흐란, **생명 운동**과 관계된 말이라고 할 수 있겠습니다. 영이 있다는 것, 루아흐가 있다는 말은 바로 생명 운동이 있다는 말입니다. 생명 운동이 있는 곳에는 루아흐가 있고, 루아흐가 있는 곳에는 생명 운동이 있습니다.

성서는 이 루아흐의 원천이 다름 아닌 하나님이라고 말씀하고 있습니다. 루아흐는 바로 하나님에게서 오는 것입니다. 창세기 2:7은 하나님께서 사람을 창조하실 때에 사람에게 '생기'를 불어넣어 주셨다고 말씀합니다. 이때, 이 '생기'라는 말은 하나님의 숨과 관련된 말입니다. 하나님이 사람에게 숨을 불어넣어 주신 것입니다. 생기, 생명의 기운, 살게 하는 기운, 생명의 숨을 사람에게 불어넣어 주신 것입니다. 그래서 사람이 된 것입니다. **하나님이 숨을 불어넣어 주신 존재, 그리고 그 숨을 쉬며 살아가라 하신 존재**, 그것이 바로 사람입니다. 그래서 성서적 인간관에서는 하나님이 불어넣어 주신 이 숨을 떠나서는 인간을, 인생을 논할 수 없습니다. 하나님이 불어넣어 주신 이 숨이 없다면 인간은 사람이 아니라 그저 흙일 뿐입니다. 흙먼지일 뿐입니다.

성서는 하나님께서 흙에서 사람을 만드셨다고 말씀하고 있습니다. 흙이란 무엇인가요? 우리말 성경에는 '흙'이라고 번역되어 있지만, 보다 정확히 번역하자면 '먼지' 혹은 '티끌'입니다. 'dust'입니다. '먼지'가 무엇인가? '티끌'이 무엇인가? 먼지가 무엇인지, 티끌이 무엇인지를 알기 위해 모종의 과학책을 들여다보는 것은 성서를 오해하는 것입니다. 먼지가 무엇인지, 성서가 말하는 티끌이 무엇인지를 알기 위해서는, 우리는 다름 아니라 '무덤' 안을 들여다보면 됩니다. 무덤 안을 들여다볼 때 우리가 보게 되는 것, 그것이 바로 흙입니다. 흙먼지입니다. 티끌입니다. 성서가 말하는 흙먼지란 바로 그런 것을 말하는 것입니다. 무엇인가요? 바로 **죽음**입니다. **허무**입니다. '무의미'입니다.

하나님이 흙에서 사람을 빚어내시고 그 코에 생기를, 하나님의 숨을 불어넣으심으로 사람을 창조하셨다는 성서의 말씀은 인간이 언제 어떤 식으로, 또 어떤 재료로 만들어졌는지를 말해 주는 과학적 진술이 아니라, **하나님 앞에서** 인간이 무엇인지를 천명해 주는 신학적 선언입니다. 하나님 앞에서 인간은, 하나님이 불어넣어 주시는 그 숨이 없이는, 하나님의 영이 없이는, 죽음에, 허무에, 어둠에 떨어질 수밖에 없는 존재라는 선언인 것입니다. 하나님이 불어넣어 주시는 숨을 쉬며 살고 있지 않은 사람, 하나님의 영, 하나님의 루아흐를 받아 살고 있지 않은 사람은, 사람이 아니고, 다만 흙먼지일 뿐입니다. 결국 흙먼지가 되고 말 존재일 뿐이고, 그가 움켜쥐고 살았던 모든 것도 결국 다 흙먼지로 뒤덮이게 되고 말 것입니다. 이런 사람, 이런 인생을 바라보며, 이스라엘의 한 현자는 이렇게 말합니다.

오순

헛되고 헛되며 헛되고 헛되니 모든 것이 헛되도다. 전 1:2

「고도를 기다리며」라는 연극으로 유명한 현대 극작가 사뮈엘 베케트Samuel Beckett(1906-1989)의 작품 중에 「숨소리Breath」라는 연극이 있습니다. 이 연극의 공연 시간은 30초 정도입니다. 그리고 무대에 등장하는 사람도 없습니다. 연극 소품으로는 무대에 쌓아 놓은 쓰레기 더미가 전부입니다. 그 쓰레기에 조명이 처음에는 희미하게 비취다가 점점 밝아지고, 또 점차 희미해지는 것이 공연 내용의 전부입니다. 대사는 전혀 없고, 단지 막이 오르면 어떤 녹음된 울음소리가 들리고, 그 후 30여 초 동안 숨을 들이쉬는 소리와 내쉬는 소리가 계속 반복해서 들리고 나서, 다시 처음의 그 울음소리가 들리면서 연극은 막을 내립니다. 무슨 뜻을 담고 있는 연극이겠습니까? 삶이란 바로 그런 '숨소리'에 불과하다는 것입니다. 울음소리로 시작해서 다시 울음소리로 끝날 때까지, 그 사이에 계속해서 반복되는 어떤 '숨소리'들. 그것이 바로 베케트가 본 우리의 인생이었습니다.

이런 숨이 하나님이 태초에 사람에게 살라고 불어넣어 주신 그 숨일까요?

그렇지 않습니다! 이 숨은 하나님이 불어넣어 주신 그 숨이 아닙니다. 이 숨은 그저 '목숨'에 불과합니다. 그저 '목'에 붙어 있는 '숨'에 불과합니다. 오늘은 붙어 있지만 내일은 또 어떻게 되는지 모르는 숨, 목이 흙으로 돌아가면 결국 허공으로 사라져 버리고 마는 숨, 그야말로 '한숨'에 불과합니다.

이런 숨, 이런 한숨을 쉬며 사는 것이 과연 삶일까요? 하나님이 창조하신 생명의 삶일까요?

그렇지 않습니다! 그건 사는 것이 아닙니다. 그건 **살아 숨 쉬는 것**이 아닙니다. 그런 것은 그저 목숨을 부지해 가는 것일 뿐, 정말로 사는 것이 아닙니다. 그런 삶은 사실 삶이 아니라 죽음입니다. 삶을 사는 것이 아니라 죽음을 사는 것입니다. '지옥'이란 바로 이런 죽음을 일컫는 말일 것입니다. 지옥은 무의미, 허무를 말합니다. 고통이 곧 지옥은 아닙니다. 왜냐하면 고통에는 의미가 있을 수 있고, 의미가 있다면 지옥일 수 없기 때문입니다. 지옥은 고통을 말하는 것이 아니라, 허무를 말하는 것입니다. 아무 뜻도 없는 삶, 죽음으로 끝나 버리고 마는 삶을 말하는 것입니다. 아무 뜻도 없는 삶, 그것이 바로 지옥 같은 삶이고, 지옥에 이르는 삶입니다.

우리는 **구원하시는** 하나님을 신앙합니다. 우리가 신앙하는 하나님은 우리를 구원하시는 하나님입니다. 그런데 무엇으로부터 우리를 구원하신다는 것인가요?

바로 **죽음**으로부터 우리를 구원하신다는 것입니다. **무의미**로부터 우리를 구원하신다는 것입니다. **지옥**으로부터 우리를 구원하신다는 것입니다. 죽음과 허무와 지옥, 이 셋은 결국 같은 것들이며, 우리는 그것들로부터 우리를 구원해 주시는 하나님을 신앙합니다.

그렇다면 **당신은 구원받았나요?**

보다 좋은 질문은 이것입니다. **당신은 하나님의 숨을 받았나요?** 당신은 하나님의 영을 받았나요? 당신은 **성령**을 받았나요?

예수께서 제자들에게 "성령을 받으라"고 말씀하신 적이 있습니다. 언제인가요? 부활하신 예수께서 제자들에게 나타나셨습니다. 그리고 그들을 향해 "숨을 내쉬며" 이렇게 말씀하셨습니다.

성령을 받으라. 요 20:22

죽음을 이기신 주님, 사망 권세를 이기신 주님께서, 죽음의 그늘에 주저앉아 있는 우리에게 나타나셔서, 우리에게 숨을 불어넣으며 말씀하고 계신 것입니다. "성령을 받으라." 하나님의 영을 받으라. 하나님의 숨을 받으라.

그 제자들은 부활하신 그리스도께로부터 숨을 받았습니다. 그렇게 구원받았습니다. 죽음과 허무와 지옥으로부터 구원받았습니다. 그런데 그들이 정말 구원받았다는 것을 어떻게 알 수 있을까요? 그들이 정말 성령을 받은 사람들이라는 것을 우리가 어떻게 알 수 있을까요?

그것은 바로, 그들이 **자기 목숨을 아까워하지 않았다**는 사실에서 알 수 있습니다. 그 제자들은 자기 목숨을 아까워하지 않았습니다. 그들은 하나님의 영광을 증언하는 일에, 이 세상에 충만한 하나님의 사랑의 영광을 증언하는 일에 그들의 목숨을 다했습니다. 그들은 **순교**했습니다.

순교란 무엇일까요. 순교란 목숨을 아끼지 않는다는 것인데, 사람이 자기 목숨을 아끼지 않을 수 있는 것은, **목숨 이상의 숨**을 받았기 때문입니다. 목숨 이상의 숨, 바로 하나님의 숨을 받았기 때문입니다. 하나님의 영, 성령을 받았기 때문입니다. 그렇습니다. 순교는 그저 그리스도교 초기 역사에 있었던 한 에피소드가 아닙니다. 그리스도교 영성은 **순교의 영성**입니다. **목숨을 건 증언**이 그리스도교 영성의 고갱이crux이며, 복음주의 영성과 영지주의 영성이 갈리는 기로crossroad입니다.

하나님의 영, 성령을 받으면 어떤 일이 일어나나요? **권능**이 임합니다. 어떤 권능이 임하나요? 주저앉아 있던 자리에서 일어설 수 있는 권능을 받습니다. 보지 못하던 것을 볼 수 있는 권능을 받습니다. 듣지 못하던 것을 들을 수 있는 권능을 받습니다.

전에는 아무것도 듣지 못했습니다. 들리는 소리라고는 그저 허무한 숨소리들, 그것이 전부였습니다. "인생 별것 있나" 하는 것이, 우리가 내심 품고 있던 인생철학이었습니다. 그러나 이제는 들립니다. 하나님의 숨소리가 들립니다. 지금도 세상 도처에서 일하고 계신 하나님의 숨소리가 들립니다. 지금 세상 도처에서 생명의 운동을 벌이고 계신 하나님의 그 뜨거운 심장소리, 거센 숨소리가 들려옵니다. 그래서 가만있을 수 없습니다. 주저앉아 있을 수 없습니다. 우리는 자리에서 일어납니다.

또 이제 보이기 시작합니다. 내가 섬겨야 할 이웃이 보이기 시작합니다. 이 숨 막히는 세상 속에서 신음하고 있는 이웃의 눈물이 보이기 시작합니다. 고통받는 이웃 안에서 지금도 고통받고 계신 그리스도의 십자가가 보이기 시작합니다. 또 보이기 시작합니다. 십자가에 달리신 그리스도의 얼굴에서 찬란하게 빛나고 있는 하나님의 영광이 보이기 시작합니다.

성령 받은 사람, 구원받은 사람은 그래서 앞만 보고 살지 않습니다. 자기 안에 하나님의 숨을 모신 사람은 위로는 하늘을 공경하고, 옆으로는 사람을 보살피며, 아래로는 땅을 가꾸며 삽니다. 그렇기에 영의 사람, 하나님의 숨을 뱃속 깊이 모신 사람은, 사람들이 하늘 높은 줄 모르며 함부로 살아갈 때, 사람들이 서로가 서로를 상하게 할 때, 사람들이 땅을 병들게 할 때, 자신의 가장 깊은 곳에서 깊은 탄식소리를 듣습니다. 바로 성령의 탄식소리를 듣습니다. 그런데 그 탄식, 성령의 탄식은 신비하게도 우리를 절망으로 이끌지 않습니다. 그 성령의 탄식소리는, 참으로 신비하게도 도리어 우리를 희망으로 이끕니다. 왜 그럴까요? 왜냐하면 그 탄식은 다름 아니라 **사랑의** 탄식이기 때문입니다. 사랑이 낳은 탄식, 또 사랑을 낳는 탄식이기 때문입니다. 어머니와 같이 우리를 품고 계신 성령 하나님의 탄식이기 때문에 그렇습니다.

> 어미가
> 새끼를 껴안고 울고 있다
> 생명의 슬픔
> 한 줄기 희망이다(김지하, 「생명」)

그렇습니다. 성서가 말씀하는 성령의 말할 수 없는 탄식룜 8:26이란 이렇게 여리고 아프고 깨진 생명을 부둥켜안고 우는, 우리 어머니와 같으신 하나님의 영의 탄식입니다. 그 생명을 보듬어 안고 우는 탄식입니다. 이 탄식이 있기에 희망이 있고, 이 탄식을 내 가장 깊은 곳에 받아들였기에 성령의 사람들은, 하나님의 사람들은, 생명을 살리는 일에 뛰어들지 않을 수 없습니다.

생명의 운동에 참여하지 않을 수 없습니다.

성령 받은 사람들, 구원받은 사람들은, 그래서 그저 목숨을 위해 무엇을 먹을까 무엇을 입을까 하는 염려에 입각해 살아가는 사람들과는 다른 호흡으로 이 세상을 살아갑니다. 그들은 **하나님의 도구**가 됩니다. 성령께서 쓰시는 도구가 됩니다. 지금도 세상 도처에서 그리스도 교회 안팎에서 생명 운동, 생명을 살리는 운동을 일으키시는 바람 같으신 하나님의 영, 그 거룩한 루아흐, 성령께서 사용하시는 도구가 됩니다. 그렇게 그들은 성령의 담지자bearers of the Spirit가 됩니다.

정말로 **살아 숨 쉬는** 사람이 됩니다.

오순

불

내가 또 밤 환상 중에 보니 인자 같은 이가 하늘 구름을 타고 와서 옛적부터 항상 계신 이에게 나아가 그 앞으로 인도되매 그에게 권세와 영광과 나라를 주고 모든 백성과 나라들과 다른 언어를 말하는 모든 자들이 그를 섬기게 하였으니 그의 권세는 소멸되지 아니하는 영원한 권세요 그의 나라는 멸망하지 아니할 것이니라.^단

7:13-14

내가 불을 땅에 던지러 왔노니 이 불이 이미 붙었으면 내가 무엇을 원하리요. 나는 받을 세례가 있으니 그것이 이루어지기까지 나의 답답함이 어떠하겠느냐.^{눅 12:49-50}

세상에 불을 지르러 오신 분이 계십니다. 바로 예수 그리스도이십니다. 예수께서 말씀하십니다.

나는 세상에다가 불을 지르러 왔다.
이 불이 이미 붙었으면,

내가 바랄 것이 무엇이 더 있겠느냐? 눅 12:49, 새번역

예수님의 마음속 열망을 보여주는 말씀이지요. 또 예수께서 왜 처형당하셨는지를 우리에게 알게 해주는 말씀이기도 합니다. 그렇지요. 세상에 불을 지르겠다는 사람을 세상이 가만 놔둘리 없습니다. 세상은 예수님을 잡아다가 처형시켰습니다.

우리는 흔히 예수님을 아주 '나이스nice'한 분이셨을 것이라고 생각합니다. 맞습니다. 예수님은 나이스한 분이셨습니다. 아마 우리가 상상하는 것 이상으로 나이스한 분이셨을 것입니다.

그러나 예수님은 그저 나이스하기만 한 분은 아니셨습니다. 그렇지 않겠습니까? 예수님이 그저 나이스한 분이시기만 했다면 세상은 그분을 십자가에 못 박지 않았을 것입니다.

예수님은 나이스한 분이셨지만, 또한 예수님은 **위험한** 분이셨습니다. 예수님은 **위험인물**이었습니다. 위험인물이셨기에 체포되어 처형당하신 것이었습니다.

예수님은 왜 위험인물이셨을까요? **사랑**은 위험한 것이기 때문입니다! **하나님의 사랑**은 위험한 것이기 때문입니다. 하나님의 사랑이 왜 위험한 것일까요? 왜냐하면 하나님의 사랑이 있는 곳에는, 하나님의 사랑이 이루어지는 곳에는 **하나님 나라**가 이루어지기 때문입니다. 하나님 나라. **세상 나라**를 뿌리째 흔드는, 하나님 나라가 이루어지기 때문입니다.

하나님 나라는 어떤 나라인가요? 하나님 나라는 **세상 나라를 흔드는** 나라입니다. 하나님 나라는 세상 나라를 지지해 주는 나라가 아니라, 뿌리째 흔드는 나라입니다. 하나님 나라가 임하

오순

면, 세상 나라는 흔들립니다.

왜 그럴까요? 세상 나라는 본질적으로 악마적 기초 위에 서 있기 때문입니다. 그렇기에 하나님 나라가 임하면 세상 나라는 흔들립니다. 뿌리째 흔들립니다.

세상 나라가 서 있는 기초가 무엇인가요? **희생**입니다. 세상 나라는 희생 위에 서 있습니다. **약자들의 희생** 위에 서 있습니다. 힘없는 이들, 가지지 못한 이들의 희생 위에 서 있습니다. 못 배운 이들, 불우한 이들의 희생 위에 서 있습니다. 낙오된 이들, '루저'들의 희생 위에 서 있습니다. 그런 희생 위에서 세상 나라는 제국을 이루고, 공화국을 이루고, 선진국을 이루고, 강대국을 이룹니다. 이것이 세상 돌아가는 이치, 세상 나라가 돌아가는 이치입니다. 성서가 "통치자들과 권세들principalities and powers"엡 6:12 라고 부르는 바로 그것입니다.

그런데 하나님 나라는 어떤 나라입니까? 하나님 나라는 바로 이 통치자들과 권세들을 꺾는 나라입니다. 이 세상 돌아가는 이치를 거스르는 나라, 이 세상 돌아가는 이치를 불태워 버리는 나라입니다.

이 세상 돌아가는 이치를 불태워 버리는 불, 이 냉엄한 현실을 녹여 버리는 뜨거운 불, 그 불이 무엇입니까? 사랑입니다! 하나님의 사랑입니다.

약자들을 향한 사랑, 힘없는 이들과 가지지 못한 이들을 향한 사랑, 못 배운 이들과 불우한 이들을 향한 사랑, 낙오된 이들과 '루저'들을 향한 사랑, 세상에서 **소외된** 모든 이들을 향한 사랑.

그들을 **세워 주는** 사랑, 일으켜 세워 주는 사랑, 그들을 치유하시고, 그들에게 성령의 능력을 부어 주셔서 그들을 자신의 종으로 세워 주시는 사랑.

그리하여 그렇게 주님의 종이 되어 살아감으로써 진정으로 자기 자신의 주인이 되어, 세상의 주인이 되어 살아가게 해주시는 사랑, 그 누구의 종도 되지 않고 그 무엇의 종도 되지 않고 오직 하나님의 종이 되어 살아가는, 진정한 자유인이 되도록 그들을 일으켜 세워 주시는 사랑, 하나님의 사랑.

하나님의 사랑은 불입니다. 이 세상이 서 있는 기초를 불태워 버리는 불입니다. 그래서 하나님 나라가 임하는 곳에서 세상 나라는 흔들립니다. 뿌리째 흔들립니다. 그래서 사람들은 위협을 느낍니다. 어떤 사람들이 위협을 느낄까요?

세상 나라에서 한자리하고 있는 사람들, 또 한자리하려는 사람들, **세상을 사랑하는** 이들은 위협을 느낍니다. 자기 자리가 흔들리기 때문입니다.

예수께서는 왜 붙잡혀 십자가 처형을 당하셨습니까? 세상을 흔드셨기 때문입니다. 세상에 불을 가져오셨기 때문입니다. 위험한 불, 사랑이라는, 하나님의 사랑이라는 위험한 불을 가져오셨기 때문입니다.

"나는 세상에다가 불을 지르러 왔다"고 말씀하신 뒤 예수께서는 연이어 말씀하십니다.

나는 받을 세례가 있으니 그것이 이루어지기까지 나의 답답함이 어떠하겠느냐. 눅 12:50

오순

여기서 "받을 세례"란 바로 자신의 죽음을 가리킵니다. 예수 께서는 아셨던 것입니다. 이 땅에 하나님의 사랑이 불붙기를 열망하셨던 주님은 아셨던 것입니다. 그 불이 불붙을 수 있는 유일한 길은 바로 자신이 불이 되는 것, 자신이 죽어, 자신을 희생하여 불이 되는 것, **불꽃**이 되는 것이라는 걸 아셨던 것입니다.

"나는 받을 세례가 있으니 그것이 이루어지기까지 나의 답답함이 어떠하겠느냐?" 왜 답답하시다고 말씀하셨을까요? 속에 불이 있었기 때문이지요. 가슴속에 불이 타오르고 있었기 때문입니다. 예수 그리스도, 우리 주님은 가슴속에 불이 타오르고 있는 그런 분이셨습니다. 예수 그리스도, 우리 주님의 삶은 그 타오르는 불에 자기 자신을 송두리째 태우시는 삶이었습니다. 그 불에 자신을 송두리째 불사르시는 삶이었습니다.

산다는 것이 무엇입니까? 어떤 국어학자의 글을 읽어 보니 우리말에서 '살다'라는 말은 '사르다'라는 말과 관련 있다고 합니다. 사르다, 살다. 어떤 철학적이고 종교적인 직관이 담겨 있는 것 아니겠습니까?

'산다'는 것은 사르며 사는 것, 정말로 산다는 건 불사르며, 불태우며 사는 것이라고 하는 종교적, 철학적 직관이 담겨 있는 것이지요.

또 그 국어학자에 따르면, '사르다'라는 말과 관련 있는 또 다른 중요한 우리말이 있는데, 무엇인지 아십니까? 바로 '사랑'입니다. 사르다, 사랑. 사랑은 생각한다는 뜻의 '사량'에서 왔다는 설이 더 일반적이지만, '사랑'을 '사르다'와 연결 짓는 것은 우리에게 영감을 줍니다. '사랑'은 '사르는' 것이라는 뜻이지요.

자신을 사르는 것, 자신을 불태우는 것이라는 뜻이지요.

'사람'이라는 말이 '살다'에서 왔다는 것은 우리가 국어학자의 도움을 받지 않더라도 충분히 짐작할 수 있는 바이지요. 그렇다면 무엇인가요? 살다, 사랑, 사람이 다 '사르다'에서 온 말이라고 한다면, 우리는 사람을, 참사람을 뭐라고 정의할 수 있을까요?

사람이란 **사는** 사람이지요. **사르며** 사는 사람이지요. 불사르며 사는 사람, 자신을 불사르며 사는 사람, **사랑으로** 자신을 불사르며, 사랑으로 자신을 불태우며 사는 사람, 그 사람이 참사람이지요.

예수 그리스도는 그런 참사람이셨습니다. 주님은 사르셨습니다. 자신을 사르셨습니다. 자신을 송두리째 사르며 사셨고, 그래서 마침내 불이 되셨습니다. 죽어서 불이 되셨습니다. 불꽃이 되셨습니다.

예수께서 죽어서 불이 되셨다는 것을 어떻게 알 수 있나요? 어떤 사람이 알 수 있나요? **예수의 이름을 부르는** 사람은 알 수 있습니다. 예수의 이름을 부르며 기도하는 사람은 알 수 있습니다. 우리가 예수의 이름으로 모여, 예수의 이름을 부르며 기도할 때 어떤 일이 일어나나요?

불이 임합니다! 하늘에서 불이 임합니다! 예수의 이름을 부르면 하늘에서 불이 임합니다. 하늘에서 불이 임하여 우리를 불붙게 합니다. 하나님의 사랑으로 불붙게 합니다. 하나님의 사랑으로, 나를 향한 하나님의 사랑으로, 또 하나님께서 사랑하시는 이들을 향한 사랑으로 우리를 불붙게 합니다.

오순

이렇게 우리가 불붙을 때 우리 가운데 이루어지는 나라, 그 나라가 바로 하나님 나라입니다.

하나님 나라는 어떤 나라입니까? **사람의 나라**입니다. 약육강식의 짐승의 나라, 동물의 왕국이 아니라 사람의 나라, 참사람의 나라입니다. 사랑으로 자신을 사르며 사는 참사람들의 나라입니다. 사람 사는 세상입니다.

구약의 예언자 다니엘에게 하나님이 보여주신 환상이 있었습니다.단 7:1-14 그 영적 비전은 이런 것이었습니다. 다니엘이 보니, 바다에서 서로 다르게 생긴 큰 짐승 네 마리가 올라왔습니다. 첫째는 사자처럼 생긴 모습의 짐승이었고, 둘째는 곰처럼 생긴 모습의 짐승이었고, 셋째는 표범처럼 생긴 모습의 짐승이었고. 넷째는 사납고 무시무시한 생김새에 뿔이 열 개나 달린 짐승이었습니다. 쇠로 된 큰 이빨로 먹이를 잡아먹고 으스러뜨리며, 먹고 남은 것을 발로 짓밟아 버리는 그런 짐승이었습니다.

다니엘서의 처음 독자들은 이 네 짐승이 무엇을 뜻하는지 어렵지 않게 알 수 있습니다. 이 짐승들은 바로 **세상 나라**를 뜻합니다. 바벨론, 페르시아, 헬라, 로마제국 같은 세상 나라들을 뜻합니다. 그럴듯한 이념을 내세우지만 그 본질은 사람을 잡아먹고 으스러뜨리고 짓밟는 것인 짐승의 나라, 세상 나라를 뜻합니다.

그런데 하나님은 다니엘에게 또 어떤 비전을 보여주셨나요? 다니엘은 증거합니다.

내가 보니 왕좌가 놓이고 옛적부터 항상 계신 이가 좌정하셨는데 그의 옷은 희기가 눈 같고 그의 머리털은 깨끗한 양의 털 같고 그의 보좌는 불꽃이요 그의 바퀴는 타오르는 불이며 불이 강처럼 흘러 그의 앞에서 나오며 그를 섬기는 자는 천천이요 그 앞에서 모셔 선 자는 만만이며. 단7:9-10

다니엘은 계속해서 증거합니다.

내가 또 밤 환상 중에 보니 인자 같은 이가 [사람의 아들 같은 이가, 사람의 모습을 한 어떤 이가!] 하늘 구름을 타고 와서 옛적부터 항상 계신 이에게 나아가 그 앞으로 인도되매 그에게 권세와 영광과 나라를 주고 모든 백성과 나라들과 다른 언어를 말하는 모든 자들이 그를 섬기게 하였으니 그의 권세는 소멸되지 아니하는 영원한 권세요 그의 나라는 멸망하지 아니할 것이니라. 단7:13-14

여러분, 여기서 "인자 같은 이"가 누구입니까? 누구를 말합니까? 짐승의 나라들을 다 멸하시고 하나님 앞에서 한 영원한 나라를 받아 다스리시는 분, 그리하여 짐승의 나라가 아니라 사람의 나라, 참사람의 나라를 이루시는 분. 그 인자, 그 사람, 그 참사람이 누구이십니까?

불을 받아 가슴속에 지금 불이 타고 있는 사람은 알 것입니다.

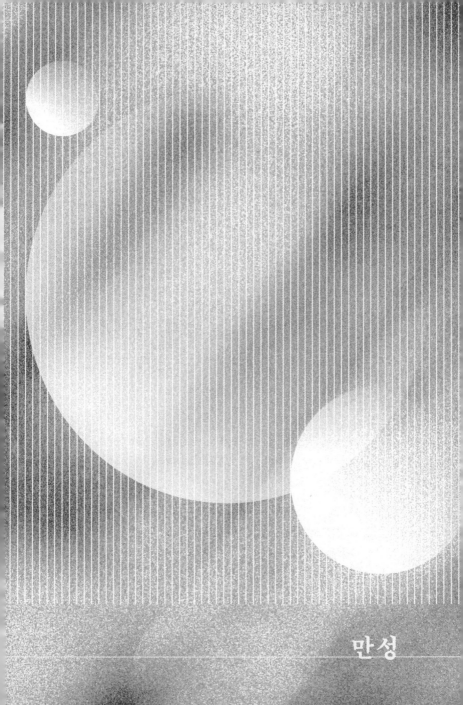

만성

어떻게 그런
찬란한 존재의 이름 앞에
우리가 '고故' 자를 붙이고는
그들을 망각해 버릴 수
있습니까?

올 핼러우즈 데이

크리스마스가 다가오고 있습니다. 그런데 알고 계십니까? 12월 25일은 원래 로마인들이 태양신을 기리던 날이었습니다. 성경은 예수님의 탄생 날짜를 말해 주지 않습니다. 12월 25일이 크리스마스 곧 그리스도의 성탄을 축하하는 날이 된 것은 교회가 그렇게 정한 것입니다. 교회는 왜 그렇게 했을까요? 초기 교회는 왜 하필이면 이교의 제일祭日, 이교도들이 태양신에게 제사를 드렸던 날을 그리스도의 탄생을 축하하는 날로 정했던 것일까요?

물론 이런저런 정치적 이유도 있었습니다. 하지만 가장 중요한 이유는 신학적 이유입니다. 초기 교회는 예수 그리스도야말로 세상에 참빛을 가져오신 분임을 믿었기 때문입니다. 이 땅에 오신 하나님의 아들 예수 그리스도야말로 이 세상에 참빛을 가져오신 참태양, 참해라고 믿었기 때문입니다. 누가복음 1장에서 세례 요한의 아버지 사가랴는 아들 세례 요한이 태어나자 묶여 있던 혀가 풀려 이렇게 노래했습니다. 이렇게 예언했습니다.

이 아이여, 네가 지극히 높으신 이의 선지자라 일컬음을 받고 주 앞에 앞서가서 그 길을 준비하여 주의 백성에게 그 죄 사함으로 말미암는 구원을 알게 하리니 이는 우리 하나님의 긍휼로 인함 이라. 이로써 돋는 해가 위로부터 우리에게 임하여 어둠과 죽음 의 그늘에 앉은 자에게 비치고 우리 발을 평강의 길로 인도하리로 다. 눅 1:76-79

여기서 말하는 위로부터 임하는 그 "돋는 해"란 무엇을 가 리키는 것인가요? 하늘 높이 솟아, 어둠과 죽음의 그늘에 앉은 이들에게 생명의 빛을 비추어 주는 그 해, 그 돋는 해란 무엇을 가리키는 것이겠습니까? 교회는 믿었습니다. 믿고 노래했습니 다. 그 해는 바로 예수 그리스도이시라 믿고 노래했습니다. 우리 를 위해 오시고, 죽으시고, 부활하신 예수 그리스도이시라고 믿 고 노래했습니다.

크리스마스는 바로 그렇게 이 세상에 새 생명의 태양이 떠 올랐음을 기뻐하는 축제, 우리를 위해 오시고, 죽으시고, 부활하 신 예수 그리스도를 통해 이 세상에, 우리 위에, 찬란한 부활생 명의 태양이 솟았음을 믿고 기뻐하는 교회의 축제였습니다.

이 축제의 맛을 본 사람들은 더 이상 그들이 전에 드리던 제 사를 드릴 수 없었습니다. 왜 그렇습니까? 이 축제는 두려움을 내쫓아 주는 축제였기 때문입니다. 이 축제는 사람을 어둠 속에 가두는 온갖 두려움을 내쫓아 주는 하나님의 그 완전한 사랑을 노래하며 찬양하며 기뻐 뛰며 즐거워하는 축제였기 때문입니다.

축제가 열리면 제사는 사라집니다! 생명의 축제가 열리면 죽음의 제사는 무력해집니다. 빛의 축제가 열리면 어둠의 제사는 무색해집니다. 무력해지고 무색해져 물러납니다. 과거로 물러납니다. 과거로 물러나 과거의 유물이 되고 맙니다.

여러분, 11월 1일이 교회의 축제 날이라는 것을 아십니까? 사실 매주일이 교회의 축제 날이지요. 매주일은 우리 주님께서 죽음의 권세를 이기시고 부활하셔서 새날을 여신 것을 기뻐하고 노래하는 날이기 때문입니다. 매주일이 축일이지만, 교회는 또 따로 날들을 정해 보다 특별한 축일들로 지키고 있습니다. 부활절, 오순절, 대림절, 성탄절이 그렇고, 종려 주일, 승천 주일, 주현절 주일이 그렇습니다.

오늘은 교회력상으로 '모든 성도의 날' 주일입니다. '모든 성도의 날'은 매해 11월 1일이고, 많은 교회들은 그날과 가장 가까운 주일을 '모든 성도의 날 주일'로 지키고 있습니다. 영어로는 'All Saints' Day'라고 하는 이 '모든 성도의 날'은 본래 초기 교회가 순교자들을 기억하기 위해 정한 날이었습니다.

교회는 그들 순교자들의 이름 앞에 'Saint'를 붙여 그들을 기억했습니다. 'Saint 스데반', 'Saint 이그나티우스', 'Saint 폴리캅'……. 초기 교회가 그렇게 순교자들의 이름 앞에 'Saint' 곧 '성도'라는 말을 붙여 그들을 기억했던 의미가 무엇인지 아십니까? 여기에는 주요한 신앙고백적 의미가 있습니다. 그것은 바로 그들이 **살아 있다**는 것입니다! 그들은 죽었지만, 그들은 지금 살아 있다는 것입니다. 부활이요 생명이신 예수 그리스도 안에서, 그들은 지금 살아 있다는 것입니다. 하나님 앞에서 살아 있다는 것입니다. 그들은 '망자亡者'가 아니라는 것입니다. 그들은 망자가 아니라 **성도**聖徒라는 것입니다. 살아 있는 성도라는 것입니다. 하나님 앞에서 지금 살아 있는 성도, 지금 땅에 생존하고 있는 우리보다 오히려 더 충만하게 하나님 앞에서 살아 있는 성도라는 것입니다.

성도란, 'Saints'란 어떤 존재입니까? 빛나는 존재입니다. 빛을 발하는 존재, 일어나 빛을 발하는 존재입니다. 죽음의 자리에서 일어나 부활의 빛을 발하는 존재입니다. 부활생명의 태양이신 예수 그리스도로부터 나오는 빛을 받아 그 빛을 반사하는 존재, 찬란한 빛을 발하는 존재입니다. 생각해 보십시오. 그런 찬란한 존재를 어떻게 우리가 '고인'이라고 부를 수 있습니까? 어떻게 그런 찬란한 존재의 이름 앞에 우리가 '고故' 자를 붙이고는 그들을 망각해 버릴 수 있습니까?

그럴 수 없습니다! 어떻게 그럴 수 있습니까? '고 스데반'이라니요! '고 폴리캅'이라니요! '고 어거스틴'이라니요! '고 프란치스코'라니요! 아닙니다. 그들은 '성聖 스데반', '성 폴리캅', '성 어거스틴', '성 프란치스코'입니다!

그들은 성도입니다. 그들은 죽어 버린 망자가 아니요, 살아 있는 성도입니다. 하나님 앞에서, 그리스도 안에서, 성령의 능력으로 지금 살아 있는, 충만히 살아 있는 성도입니다.

교회는 이렇게 믿었습니다. 이렇게 믿었기에 교회는 점차 이 '모든 성도의 날'을 주님 안에서 죽은 모든 성도, 그래서 지금 부활이요 생명이신 예수 그리스도 안에서 살아 있는, 하늘의 모든 성도를 기억하는 날로, 감사 가운데 기억하는 날로 지켜 왔습니다. 그날이 오늘, 'All Saints' Day' 주일입니다.

이날은 모든 성도를 기억하는 날입니다. 기억한다는 말은 're-member'한다는 것이지요. 기억한다는 것은 말하자면 그들이 지금도 우리의 멤버인 것을 다시금 기억한다는 것입니다. 그들이 우리와 더불어 지금 한 몸을 이루고 있는, 함께 그리스도의 몸을 이루고 있는 지체인 것을 기억한다는 것입니다. 감사 가운데 기억한다는 것입니다. 그들이 우리에게 남기고 간 그 믿음의 유산에 대해, 그 사랑의 수고에 대해, 그 희망의 증거에 대해, 하나님께 감사드리며 그들을 기억하는 것입니다.

'모든 성도의 날'은 이렇듯 축제의 날입니다. 감사의 축제, 기쁨의 축제입니다. 사망의 그늘에 앉아 있던 우리 위에 찬란한 부활생명의 태양이 솟게 해주시어, 우리로 하여금 그 부활생명의 기백을 가지고 "사망아, 너의 승리가 어디 있느냐. 사망아, 네가 쏘는 것이 어디 있느냐"^{고전 15:55} 큰소리치며 살 수 있게 해주신 부활의 주님께 감사와 찬양을 올려 드리는 기쁨의 축제입니다.

이 생명의 축제로 인해 무력해진 죽음의 제사가 있습니다. 이 빛의 축제로 인해 무색해진 어둠의 제사가 있습니다. 이 찬란한 부활생명의 빛의 축제로 인해 전적으로 무력해지고 무색해져, 지금은 과거의 유물이 되어 버린 한 이교의 제사가 있습니다. 그 유물을 오늘 우리가 일컫는 말이 바로 '핼러윈'입니다.

핼러윈은 고대 유럽에 퍼져 있던 한 이교 제사 풍습에 그 기원을 두고 있습니다. 고대 유럽인들은 해가 짧아지고 겨울이 시작된다고 여겼던 10월 31일 밤, 죽음의 신이 악령들을 보내 사람들에게 해를 끼친다고 믿었고, 그래서 그 죽음의 신에게 제사를 드렸습니다. 또 그 악령들과 같은 모습으로 분장을 하고 있으면 그 악령들을 속여 해를 면할 수 있다고 믿고 그렇게 했습니다.

하지만 교회는 선포했습니다. 복음을 선포했습니다. 이제 그런 시대가 지나갔노라고, 죽음의 권세에 사로잡혀, 그 두려움에 사로잡혀 살던 어둠의 시대가 지나갔노라고 선포했습니다. 이제 찬란한 부활생명의 태양이 떴노라고, 하나님이 세상을 이처럼 사랑하사 독생자를 주시어,요 3:16 이제 죽음의 그늘에 앉아 있던 우리에게 찬란한 부활생명의 빛이 비춰게 되었노라고 선포했습니다.

그러한 복음 선포의 일환으로, 교회는 부활생명의 삶을 경축하는 축일인 'All Saints' Day' 축일을 10월 31일 다음 날인 11월 1일로 정해 지켰습니다. 무슨 뜻인가요? 교회는 선언한 것입니다. 그 이교의 제일은 이제 이 'All Saints' Day' 축일의 전야일 뿐이라고, 이브eve일 뿐이라고 선언한 것입니다. 그 캄캄한 밤은 이제 지나갔고, 이제 찬란한 새날이 동터 왔노라고 선언한 것입니다.

'핼러윈'이라는 말은 'All Hollows' Eve'라는 말이 줄어서 된 말인데, 'All Hollows' Eve'라는 말은 'All Hollows' Day'의 이브라는 뜻이고, 'All Hollows' Day'는 바로 'All Saints' Day'의 옛말입니다. 다시 말해, '핼러윈'이란 말은 그리스도교식 용어로서 '모든 성도의 날'의 전야, 이브를 뜻하는 말입니다. '모든 성도의 날' 그 부활생명의 빛의 축제는 과연 점점 그 어둠의 제사를 무력화시키고 무색케 하여, 이제 10월 31일 밤은 꼬마 아이들이 재미나게 분장하고서 온 동네를 돌아다니며 즐겁게 노는 'fun day'로 전락하고 말았습니다. 고대 유럽의 다 큰 어른들도 벌벌 떨게 만들었던 그 악마는 지금 얼마나 속이 뒤집어질까요? 마르틴 루터가 말했듯이, 인간의 두려움을 먹고 사는 악마가 가장 두려워하는 것이 있다면 그것은 바로 조롱당하는 것이기 때문입니다.

핼러윈은, 부활 신앙인들에게는 악마를 조롱하는 날입니다. **부활 신앙의 기백을 가지고** 악마를 조롱하는 날입니다. 여러분, 장성한 믿음의 큰 웃음을 웃어 주십시오. 그리하여 우리 아이들로 하여금 그리스도께서 가져오신 그 찬란한 빛으로 밝혀진 그 밤을, 낮과 같이 밝혀진 그 밤을 마음껏 '엔조이'하게 해주십시오. 그리고 여러분의 그 장성한 믿음을 보여주십시오. 부활 신앙의 기백을 보여주십시오. "죽음아, 너의 승리가 어디에 있느냐?" 담대히 외치며, 우리 앞서 하나님의 부름을 받고 하늘로 가신 분들을 '고인', '망인'으로서가 아니라 살아 있는 **성도**로서 기억해 주십시오. 그분들은 지금도 우리의 지체라는 것, 지금 우리와 더불어 한 몸을 이루고 있는, 함께 그리스도의 몸을 이루고 있는, 살아 있는 성도들이라는 것을 선포해 주십시오.

이제 우리 모두 자리에서 일어나 함께 '모든 성도의 날' 감사의 기도를 한목소리로 주님께 드리겠습니다.

영존하시는 하나님,
의를 행하고 인자를 사랑하며, 겸손히 하나님과 동행한
주님의 모든 종들을 인하여 주님을 찬양합니다.
그리고 삶으로, 또한 죽음으로 주님의 진리를 증거한
모든 시대, 모든 곳의 사도, 순교자, 성도들을 인하여 주님을 찬양합니다.

신실하게 주님을 섬겼고,

담대하게 증언했으며, 믿음 안에서 죽고

이제도 세상에 빛을 비추고 있는 주님의 종들을 인하여

주님을 찬양합니다.

우리가 알고 사랑했던 사람들,

그 신실한 순종과 한결같은 소망으로

그리스도 예수 안에 있던 그 마음을 보여주었던 사람들을 인하여

주님을 찬양합니다.

우리로 그들의 증거에 감사하게 하시고

그들과 같이 그리스도의 길을 갈망하며 따르게 하소서.

그리하여 마침내 그들과 함께 우리도

빛 가운데서 성도들의 유업에 참여하게 하소서.

이제와 영원토록 성부와 성령과 함께

한 하나님으로 살아 계시고 다스리실

우리 신앙의 처음이며 완성이신

예수 그리스도의 이름으로 기도합니다.

아멘(미국장로교회 공동예배서 **The Book of Common Worship**에 수록된 '모든
　　성도의 날' 기도문).

대림

주님의 천사가
건네는 인사말을
들으십니까?

마라나타!

과거 한국이 IMF 구제 금융을 받던 시절, 많은 이들이 하루 하루 힘겨운 나날을 보내고 있던 그때, 강남의 고급 술집들에선 이런 건배사가 유행했다고 합니다.

이대로!

상상해 보면 2천여 년 전에도 아마 "이대로!"를 외쳤던 이들이 있었을 것 같습니다. 바로 예수 그리스도를 십자가에 못 박아 죽이는 데 성공한 자들입니다. 그 권력자들은 아마 그날 밤 자기들의 식사 자리에서 건배하며 이렇게 외쳤을 것입니다.

이대로! 이 좋은 세상, 이대로! 나의 불의를 들춰내고, 나의 위선을 폭로하는 자가 있으면 죽여 버리면 그만! 죽여 돌무덤에 가둬 넣어 버리면 그만! 이 좋은 세상! 이대로! 천년만년 이대로!

그러나 그리스도의 십자가 처형이 있고 나서 얼마 후, 소수

의 사람들, 주로 가난한 이들과 노예와 여성들로 이루어진 소수
의 사람들은 빵과 포도주가 차려진 소박한 식탁 주위에 함께 모
여서는 이렇게 외쳤습니다.

마라나타! 주님, 오시옵소서!

"마라나타!", "주님, 오시옵소서!"는 초대 교회에서 마치 구
호처럼 자주 사용된 기도였습니다. 특히 예수께서 베푸시고 나
누셨던 식탁을 기억하며, 함께 모여 떡을 떼고 잔을 나누었던 거
룩한 성찬 자리에서 사람들이 예배 가운데 함께 외쳤던 기도였
습니다. 그들 초대 교회 성도들은 그 식탁에서 "이대로!"가 아니
라 "마라나타!"를 외쳤습니다. "주님, 오시옵소서!"를 외쳤습니
다. "주님, 오시옵소서! 이 땅에 오시옵소서! 이 땅에 하나님 나
라가 오게 하옵소서! 이 세상 나라가 하나님의 나라, 그리스도
의 나라가 되게 하여 주옵소서!"

그리스도의 교회는 이 세상이 결코 이대로 영원히 계속될
것이라 믿지 않습니다. 빛과 정의와 진실과 사랑이 배척받고, 침
뱉음당하고, 조롱당하고, 십자가에 못 박히고, 돌무덤에 갇히고
마는 이 세상이 이대로 영속할 것이라 믿지 않습니다. 그 대신
교회는 '종말'을 믿습니다. 교회는 **마지막 심판**을 믿습니다. 종말
에 주님께서 산 자와 죽은 자를 심판하러 오실 것을 믿습니다.
그래서 교회는, 그리스도의 사람들은, 그리스도가 주인 되시는
그 거룩한 식탁, 그 경건하고 소박한 식탁 주위에 함께 모여 믿
음 안에서, 또 믿음이 낳는 소망 안에서, 또 소망이 낳는 사랑 안

에서 기도하며 외칩니다. 외치며 기도합니다,

> 마라나타! 주님, 오소서! 주님의 나라가 오게 하소서! 주님의 뜻이
> 하늘에서와 같이 땅에서도 이루어지게 하소서!

이 기도, 주님이 가르쳐 주신 이 기도는 이 세상 권력자들을 떨게 만드는 기도입니다. 통치자들과 권세들, 공중의 권세를 잡은 마귀들을 떨게 만드는 기도이고, 또 그런 마귀적인 권세를 부려 그리스도를 십자가에 못 박은 이들, 진실과 정의와 빛과 사랑을 돌무덤에 가두어 버리는 인간 권력자들을 떨게 만드는 기도입니다.

> 나라가 임하시오며 뜻이 하늘에서 이루어진 것같이 땅에서도 이
> 루어지이다. 마6:10

주님의 제자들이 처음부터 이러한 담대한 기도를 드릴 수 있었던 것은 아닙니다. 우리가 알듯이, 그들은 다 도망갔었습니다. 그리스도를 버리고 도망갔었습니다. 그와 같이 세상을 두려워하던 그들이 어떻게 세상을 두려워 떨게 만드는 기도를 드리는 사람들이 된 것일까요? 어떻게 그런 담대한 사람들로 변화된 것일까요? 이 의문에 대한 답은 오직 하나입니다. 오직 하나밖에 있을 수 없습니다! 바로 **부활**입니다.

그렇습니다. 그 용기 없던 이들이, 세상을 두려워하던 그들이 세상이 두려워하는 이들로 변화된 것은, 세상이 감당치 못하

는 이들로 변화된 것은 바로 부활 때문이었습니다. 그리스도의 부활 때문이었습니다. 부활하신 그리스도를 만났기 때문이었습니다. 부활하신 그리스도를 만난 그들은 부활의 증인들이 되었습니다. 목숨을 아끼지 않고 부활을 증언하는 이들martyr이 되었습니다. "예수 그리스도께서 부활하셨다!", "하나님께서 그분을 다시 일으키셨다!"

이 부활 메시지를 예루살렘의 권력자들, 종교 권력자들과 정치 권력자들은 몹시 싫어했습니다. 그리고 그 부활의 증인들을 몹시 핍박했습니다. 왜 그랬을까요? 말도 안 되는 이야기, 허무맹랑한 이야기를 전한다고 생각해서였을까요? "세상에, 죽은 자가 다시 살아나다니 그게 말이 되느냐" 하고 생각해서였을까요? 그렇습니다. 당시 이방인들, 이교의 철학자들은 사도 바울의 예수 부활 메시지에 대해 그런 식으로 반응했습니다. 그러나 당시 유대 권력자들의 반응은 달랐습니다. 그들은 그저 부활 메시지를 조롱하지 않았습니다. 그들은 예수 부활을 전하는 이들을 붙잡아, 매질하고 감옥에 가두고 고문하고 죽였습니다. 왜 그랬을까요? 그들은 제대로 알아보았기 때문이었습니다. 예수 부활 메시지는 곧 자기들을 향한 하나님의 심판의 메시지라는 것을 유대인들은 제대로 알아들었기 때문입니다.

부활이란 무엇인가요? 부활이란 세상의 권력자들이 죽인 사람을, 정치 권력자들과 종교 권력자들이 합세해 죽인 사람을, 민중이 죽음으로 내몬 사람을 **하나님이** 다시 살리셨다는 것입니다. 다시 말해, **너희가/우리가** 죽인 사람을 **하나님이** 다시 살려내셨다는 것입니다. 예수 그리스도를 십자가에 못 박은 예루살렘의 권력자들은 부활의 이런 메시지를 감지했던 것입니다. 그래서 그들은 두려웠던 것이고, 그래서 싫었던 것입니다. 그들은 알았던 것입니다. 부활이 정말 일어났다면, 이것은 '조짐'이라는 것을 알았던 것입니다. 심상치 않은 조짐, 바로 하나님의 심판의 조짐이라는 것을 알았던 것입니다.

성전

날이 이르면 돌 하나도 돌 위에 남지 않고 다 무너뜨려지리라.

눅 21:6

예수께서 예루살렘 성전을 두고 하신 말씀입니다. 사람들이 예루살렘 성전을 가리키며 이렇게 말했었습니다.

예수님, 보십시오. 얼마나 아름다운 돌들로 지어진 성전입니까? 얼마나 아름답습니까? 얼마나 웅장합니까?

그렇습니다. 정말 아름답고 웅장한 성전이었습니다. 이 아름답고 웅장한 성전을 건축한 사람은 헤롯이었습니다. 처음 성전인 솔로몬 성전은 주전 586년 유다가 바벨론 느부갓네살 왕의 제3차 침공을 받고 함락되었을 때 초토화되었습니다. 그로부터 70년 후인 주전 516년 성전이 재건되는데, 그 성전 재건을 주도했던 사람의 이름을 따 '스룹바벨 성전'이라고 합니다. 그런데 사람들이 "예수님, 정말 아름답고 웅장하지 않습니까?"라고 말하며 가리켰던 그 성전은 이 스룹바벨 성전이 아니라, 그로부터 약 500여 년 후 재건축된 성전입니다.

주전 20년에 시작되어 주후 63년경에야 마쳐진 이 대대적인 리노베이션 공사를 시작한 사람은 바로 헤롯 대왕Herod the Great(c.72-c.4 BC)입니다. 헤롯은 왜 이런 장한 일을 벌였을까요? 백성들의 환심을 사기 위해서였습니다. 본래 유대인이 아니었던 헤롯은 벼락출세한 아버지 덕분에 로마 황제의 눈에 들어 주전 37년에 유대의 왕으로 임명되었습니다. 유대인들이 순순히 그를 왕으로 인정하고 따랐을 리가 없습니다. 그러나 헤롯은 정치적 수완이 매우 뛰어났던 사람이었습니다. 헤롯은 유대인들의 마음을 얻기 위한 전략으로 대대적인 성전 재건 공사를 시작했고 9년여에 걸친 대공사 끝에 성전의 기본적인 외형을 완성시킵니다. 성전의 기본 외형이 완성되자 헤롯은 300마리의 수소를 잡고 유대인 지도자들과 백성들을 초대해 화려한 성전 봉헌식을 거행했는데, 헤롯 성전은 정말 웅장하고 아름다웠습니다. 헤롯 성전이 얼마나 아름답고 웅장했던지, 심지어 그를 경멸하고 증오했던 탈무드의 랍비들도 그 성전에 대해 극찬할 정도였습니다. "헤롯의 성전을 보지 못한 사람은 아름다운 건물이 무엇인지 모르는 사람이다." 또 동시대의 유명한 역사가 요세푸스도 헤롯 성전에 대해 이렇게 기록하고 있습니다. "성전의 외관은 보는 이들의 눈과 마음을 사로잡아 그저 놀라움을 자아낸다. 화려한 금으로 장식되어 햇빛이 비칠 때에는 눈이 부셔 눈을 뜨고 쳐다볼 수 없을 정도다."

이 성전에 대해, 이 아름답고 웅장한 성전에 대해 예수께서 말씀하셨습니다. "날이 이르면 돌 하나도 돌 위에 남지 않고 다 무너뜨려지리라." 돌 하나도 돌 위에 남지 않고 다 무너뜨려지는 날이 이르리라.

그날이 이르렀을까요? 그날이 과연 이르렀나요? 네, 과연 이르렀습니다. 주후 70년, 예수님의 예언의 말씀이 있은 지 약 40여 년이 지난 해, 당시 로마의 황제였던 베스파시아누스 황제의 아들 티투스가 군단을 이끌고 와 예루살렘을 함락시키고 성전을 초토화시켰습니다. 돌 하나도 돌 위에 남지 않고 다 무너뜨려졌습니다. 아니, 돌 하나가 남아 있기는 합니다. 바로 지금도 남아 있는 '통곡의 벽'이 그것입니다. 통곡의 벽만을 남긴 채, 통곡만을 남긴 채, 예루살렘 성전은 완전히 무너져 내렸습니다.

성전은 왜 무너져 내렸나요? 로마가 쳐들어와 성전에 불을 질렀기 때문이라고 말하는 것은 역사가들의 대답일 뿐입니다. 그리스도인들은 다르게 대답했습니다. 다르게 믿었습니다.

성전이 무너져 내린 것은 다름 아니라 '지진'이 일어났기 때문이다! '부활'이라는 지진이, 대지진이 일어났기 때문이다. 온 세상을 뒤흔들어 놓은 지진, 죄와 죽음과 마귀가 지배하던 이 세상을 뿌리째 뒤흔들어 놓은, 그 전부를 전복시키는 대지진이 일어났기 때문이다.

이 지진이 정말 일어났나요? 이런 지진이 일어났다는 기록이 있을까요? 그 기록을 찾기 위해 역사서들을 뒤적이는 것은 부질없는 일입니다. 그 기록은, 그 대지진의 기록은 역사서가 아니라 '복음서'에 기록되어 있습니다. 보이는 사실만이 기록되어 있을 뿐인 세상의 역사서가 아니라, 보이지 않는 진실이 기록되어 있는 거룩한 복음서에 기록되어 있습니다. 마태복음 28:1-2은 이렇게 기록합니다.

안식일이 다 지나고 안식 후 첫날이 되려는 새벽에 막달라 마리아와 다른 마리아가 무덤을 보려고 갔더니 큰 지진이 나며 주의 천사가 하늘로부터 내려와 돌을 굴려 내고 그 위에 앉았는데.

그 새벽, 그 안식일 후 첫날의 새벽, 그 새날의 새벽, 그 제8요일의 새벽, 이 세상에 '큰 지진'이 일어났습니다. '돌'을 굴려 내는 지진, 무덤을 막고 있던, 무덤을 꽉 막고 있던 돌을 굴려 내는 지진, 죽음의 돌을 굴려 내는 지진, 부활의 지진이 일어났습니다. 그리스도인들은 믿었습니다. 예루살렘 성전을 무너뜨린 것은 바로 이 부활 지진이라고 믿었습니다. 예루살렘 성전이 무너져 내린 것은 바로 이 부활 지진이 일어났다는 사실에 대한 표징이라고 믿었습니다.

부활이란 무엇인가요? 부활이란 돌이 굴러 나간 것입니다! 예수 그리스도를 가두려 했던 돌, 생명을, 말씀을 가두려 했던 돌, 빛과 진리, 정의와 사랑을 가두려 했던 돌이 굴러 나간 것입니다. 그 돌이 굴러 나간 그 새벽, 그 부활 새벽, 하나님은 심판을 선언하신 것이었습니다. 그리스도를 십자가에 못 박아 무덤에 가두려 했던 예루살렘에 대해, 그 예루살렘의 중심에 서 있던 그 성전에 대해, 그 돌 성전에 대해 심판을 선언하신 것이었습니다. 회칠한 무덤과 같은 성전, 겉으로 볼 때는 하나님을 예배하는 것 같지만 속을 들여다보면 실은 하나님이 아니라 맘몬과 가이사를 숭배하고 있는, 돈과 권력을 숭배하고 있는 그 웅장하고 아름다운 성전에 대해, 그런 돌 성전을 중심으로 돌아가고 있는 세상에 대해 하나님께서 심판을 선언하신 것이었습니다. 부활의 새벽, 그리스도의 몸을 가두고 있던 그 돌이 굴러 나갔을 때 예루살렘 성전은, 그 돌 성전은 이미 무너져 내린 것이었습니다.

예루살렘 성전이 허물어진 것은 예루살렘이 이미 자기 손으로 하나님의 성전을 허물었기 때문입니다. 역사는 성전이 주후 70년 로마의 티투스 장군에 의해 허물어졌다고 기록하고 있지만, 진짜 하나님의 성전이 허물어진 사건은 사실 그로부터 40여 년 전, 예루살렘 성문 밖 골고다 언덕에서 일어났습니다. 유대인들과 로마인들이 나사렛 예수를 예루살렘 성문 밖으로 끌고 가 골고다 언덕 위에서 십자가에 못 박아 죽였을 때, 그들은 다름 아니라 하나님의 성전을 허물어뜨린 것이었습니다. 예수 그리스도의 몸이 하나님의 성전이었습니다. 로마인들이 허물어뜨린 것은 하나님의 성전이 아니라, '강도의 소굴'이었습니다.마 21:13, 막 11:17, 눅 19:46 그 강도의 소굴 수호자들이, 그 교권 수호자들이 하나님의 성전을 허물어뜨렸습니다. 그리스도의 몸을 쓰러뜨렸습니다.

그러나 그 몸을 하나님이 다시 일으켜 세우셨습니다! 하나님께서 예수 그리스도의 몸을 다시 일으켜 세우셨습니다! 다시 일으켜 세우시고는 예수야말로, 예수 그리스도의 몸이야말로 진정한 하나님의 성전이라는 것을, 만민이 들어와 기도하며 하나님을 만나고 구원을 받을 수 있는 하나님의 성전이라는 것을 온 세상에, 천상천하에 선포하셨습니다.

돌 성전을 무너뜨리시고 하나님께서는 이제 새로운 성전을 일으켜 세우셨습니다. 그 새로운 성전이란 무엇인가요? 베드로전서 2:4-5은 하나님이 일으켜 세우신 그 새로운 성전의 모습을 이렇게 말하고 있습니다.

사람에게는 버린 바가 되었으나 하나님께는 택하심을 입은 보배로운 산 돌이신 예수께 나아가 너희도 산 돌같이 신령한 집으로 세워지고 예수 그리스도로 말미암아 하나님이 기쁘게 받으실 신령한 제사를 드릴 거룩한 제사장이 될지니라.

그렇습니다. 예루살렘 돌 성전을 무너뜨리시고 하나님이 새롭게 '일으켜 세우신' 그 신령한 집, 그 영적인 성전 역시 돌들로 지어지는 성전입니다. 그런데 그 성전은 "산 돌"들로 지어지는 성전입니다. 산 돌이신 부활하신 예수 그리스도께 나아가는 산 돌들, 살아 있는 돌들, 살아 숨 쉬는 사람들로 지어지는 성전입니다.

메타노이아!

"이 독사의 자식들아!" 설교단에 올라 이런 말로 설교를 시작하는 설교자를 감당할 수 있는 교회가 있을까요? 세례 요한이 **광야**로 나간 것은 아마 그래서였을 것입니다. 그는 예루살렘이 감당할 수 없는 인물이었기 때문입니다. 세례 요한은 종교의 메카인 예루살렘이 감당할 수 없는 인물이었습니다. 세례 요한은 **예언자**였습니다. 하나님의 예언자였습니다. 그가 광야에서 외친 말씀은 한마디로 이것이었습니다.

하나님께로 돌아가라!

그때에 세례 요한이 이르러 유대 광야에서 전파하여 말하되 회개하라. 천국이 가까이 왔느니라. 마 3:1-2

여기서 '회개'라는 말은 헬라어로 '메타노이아'인데, '마음을 돌이키다'라는 뜻입니다. 메타노이아! "마음을 돌이키라!" 어디로 돌이키라는 말일까요? 세례 요한보다 780여 년 앞서, 예언자

호세아는 이렇게 외쳤습니다.

이스라엘아, 네 하나님 여호와께로 돌아오라. 호 14:1

그렇습니다. 메타노이아! "마음을 돌이키라!"는 말은 바로 **"하나님께로 돌아가라!"**는 말이었습니다. 마음을 돌이켜 하나님께로 돌아가라는 말이었습니다.

마음을 돌이켜 하나님께로 돌아가라! 엘리야, 호세야, 아모스, 이사야, 예레미야, 에스겔 같은 예언자들, 하나님의 예언자들이 소리쳐 외친 이 말은 단순한 말이 아니었습니다. 이 말은 **불이 담긴 말**이었습니다. 어떤 불이 담겨 있는 말이었는지 한번 들어 보십시오.

하늘이여, 들으라. 땅이여, 귀를 기울이라. 여호와께서 말씀하시기를 내가 자식을 양육하였거늘 그들이 나를 거역하였도다. 소는 그 임자를 알고 나귀는 그 주인의 구유를 알건마는 이스라엘은 알지 못하고 나의 백성은 깨닫지 못하는도다 하셨도다. 슬프다. 범죄한 나라요 허물 진 백성이요 행악의 종자요 행위가 부패한 자식이로다. 그들이 여호와를 버리며 이스라엘의 거룩하신 이를 만홀히 여겨 멀리하고 물러갔도다. 너희가 어찌하여 매를 더 맞으려고 패역을 거듭하느냐. 온 머리는 병들었고 온 마음은 피곤하였으며 발바닥에서 머리까지 성한 곳이 없이 상한 것과 터진 것과 새로 맞은 흔적뿐이거늘 그것을 짜며 싸매며 기름으로 부드럽게 함을 받지 못하였도다. 사 1:2-6

불이 느껴지나요? 불을 정말 제대로 느끼는 것인지 아닌지 알 수 있는 방법이 있습니다. 예언자들의 말에 담긴 그 불을 정말 제대로 느낀 이들은 두 가지 반응을 보였습니다. 그들의 반응은 오직 둘 중 하나였습니다. 어떤 이들은 **열**을 받았습니다. 그 불에 열을 받았습니다. 그 불에 몹시 열을 받아 그 불을 들이대는 하나님의 예언자들을 잡아다가 죽였습니다. 돌로 쳐 죽였습니다. "감히 우리를, 나를 흉악한 종자라고 하다니! 타락한 자식이라니! '독사의 자식'이라니!"

예언자의 말은 사람들로 하여금 열을 받게 만듭니다. 왜냐하면 그 말은 불이 담긴 말이기 때문입니다. 빈말이 아니라 의미심장한 말, 하나마나한 말이 아니라 일을 내는 말이기 때문입니다. 뜻이 가득하고 사건을 일으키는 말, **다바르** 곧 **하나님의 말씀**이기 때문입니다. 하나님의 **말씀의 불**이 담긴 말이기 때문입니다. 그 불에 사람들은 열을 받았습니다.

그러나 그렇지 않은 다른 이들이 있습니다. 바로 그 불에 **녹**는 이들입니다. 말씀의 불에 녹는 이들, 하나님의 말씀의 불에 **마음**이 녹는 이들, 돌처럼 굳었던 마음이 녹는 이들입니다. 어떤 이들이 그러한가요? 하나님의 말씀을 받는 이들입니다. 하나님의 말씀을 하나님의 말씀으로 받는 이들입니다. 그들은 녹습니다. 그 말씀에 녹습니다. 그 말씀의 불에 마음이 녹습니다.

왜 그럴까요? 그 불은 하나님의 말씀을 하나님의 말씀으로 받는 그들에게 **사랑**의 불이기 때문입니다! **하나님의 사랑**의 불이기 때문입니다! 거룩하신 사랑의 불, **죄를 미워하시는**, 그러나 **죄인을 사랑하시는** 거룩하신 사랑의 불, 아니, 죄인을 그토록 뜨

대림

겹게 사랑하기에 죄를 그토록 뜨겁게 미워하시는 거룩하신 사랑의 불이기 때문입니다. 사람의 마음을 녹이는 건 바로 이 불입니다. 돌처럼 굳은 사람의 마음을 녹이는 건 바로 이 거룩하신 사랑holy Love의 불입니다. 이 불은 사람의 교만을 녹입니다. 이 불은 사람의 절망을 녹입니다. 이 불에 교만이 녹는 것은, 내가 죄인이라는 것을 알게 되기 때문입니다. 이 불에 절망이 녹는 것은, 그런 죄인인 나를, 그럼에도 불구하고 하나님이 사랑하신다는 것을 알게 되기 때문입니다. 사랑하셔서 부르신다는 것을 알게 되기 때문입니다. "돌아오라! 내게로 돌아오라!"

> 배역한 이스라엘아, 돌아오라. 나의 노한 얼굴을 너희에게로 향하지 아니하리라. 나는 긍휼이 있는 자라. 노를 한없이 품지 아니하느니라.……배역한 자식들아, 돌아오라. 내가 너희의 배역함을 고치리라. 렘 3:12,22

회개란 돌아가는 것입니다. 하나님께 돌아가는 것입니다. 아버지이신 하나님께 돌아가는 것입니다. 아버지의 집으로, 아버지의 품으로 돌아가는 것입니다. 내가 있어야 할 곳으로, 내가 본디 있어야 할 곳으로 돌아가는 것입니다. 예언자들이 말하는 회개란, 그저 잘못을 뉘우치고 고치라는 말이 아닙니다. 그저 이제부터는 보다 윤리적으로 살라는 말이 아닙니다. 회개란 돌아가는 것입니다. 내가 본디 있어야 할 곳으로 돌아가는 것입니다.
내가 본디 있어야 할 곳, 사람이 본디 있어야 할 곳, 그곳이 어디인가요? 바로 **하나님**입니다. '하나님 안'입니다. '하나님 안'

이 바로 사람이 본디 있어야 할 곳, 돌아가야 할 곳입니다.

    사람이 있어야 할 곳, 거할 곳dwelling place을 고대 그리스어로 '에토스ethos'라고 하는데, '윤리ethics'라는 말은 바로 이 '에토스'라는 말이 쪼그라진 말입니다. '윤리'라는 말, '윤리적으로 살라'는 말, '똑바로 살라'는 말, 그런 말들은 틀린 말들은 아닙니다. 그러나 시시한 말들입니다. 좀스럽고 쩨쩨한 말들입니다. 잔말에 지나지 않는 말, 잔소리에 지나지 않은 소리입니다. 그러나 하나님의 예언자는 잔소리하는 사람이 아닙니다. 하나님의 예언자는 잔말하는 사람이 아닙니다. 하나님의 예언자가 외치는 소리, "회개하라"는 소리. 그 소리는 잔소리가 아닙니다. "똑바로 살라"는 소리가 아닙니다. 그 소리는 **"똑바로 보라"**는 소리입니다! 똑바로 보라! 하나님이 오고 계시다! 주님이 오고 계시다! 그러니 준비하라! 주의 길을 준비하라! 오시는 주님을 맞이하라!

    광야에 울리는 천둥소리다! "하나님이 오고 계시니 준비하여라! 길을 내어라. 곧고 평탄한 길을 내어라. 우리 하나님께 걸맞은 대로를 내어라. 골짜기는 돋우고, 언덕은 평평하게 골라라. 거친 길을 평탄하게 하고, 돌들도 말끔히 치워라. 그러면 하나님의 찬란한 영광이 비치리니, 모두가 그것을 보게 되리라. 그렇다. 하나님께서 말씀하신 그대로 되리라."사 40:3-5, 메시지

말 못하는 자

유대 왕 헤롯 때에 아비야 반열에 제사장 한 사람이 있었으니 이름은 사가랴요 그의 아내는 아론의 자손이니 이름은 엘리사벳이라. 이 두 사람이 하나님 앞에 의인이니 주의 모든 계명과 규례대로 흠이 없이 행하더라. 엘리사벳이 잉태를 못하므로 그들에게 자식이 없고 두 사람의 나이가 많더라. 마침 사가랴가 그 반열의 차례대로 하나님 앞에서 제사장의 직무를 행할새 제사장의 전례를 따라 제비를 뽑아 주의 성전에 들어가 분향하고 모든 백성은 그 분향하는 시간에 밖에서 기도하더니 주의 사자가 그에게 나타나 향단 우편에 선지라. 사가랴가 보고 놀라며 무서워하니 천사가 그에게 이르되 사가랴여, 무서워하지 말라. 너의 간구함이 들린지라. 네 아내 엘리사벳이 네게 아들을 낳아 주리니 그 이름을 요한이라 하라. 너도 기뻐하고 즐거워할 것이요 많은 사람도 그의 태어남을 기뻐하리니 이는 그가 주 앞에 큰 자가 되며 포도주나 독한 술을 마시지 아니하며 모태로부터 성령의 충만함을 받아 이스라엘 자손을 주 곧 그들의 하나님께로 많이 돌아오게 하겠음이라. 그가 또 엘리야의 심령과 능력으로 주 앞에 먼저 와서 아버지의 마음을 자식에게, 거스르는 자를 의인의 슬기에 돌아오게 하고 주를 위하여 세운 백성을 준비하리라. 사가랴가 천사에게 이르되 내가 이것을 어떻게 알리요 내가 늙고 아내도 나이가 많으니이다. 천사가 대답하여 이르되 나는 하나님 앞에 서 있는 가브리엘이라. 이 좋은 소식을 전하여 네게 말하라고 보내심을 받았노라. 보라. 이 일이 되는 날까지 네가 말 못하는 자가 되어 능히 말을 못하리니 이는 네가 내 말을 믿지 아니함이거니와 때가 이르면 내 말이 이루어지리라 하더라. 눅 1:5-20

참 낭패가 아닐 수 없습니다. 제사장이 말 못하는 벙어리가 되어 버렸다는 것, 제사장이 혀가 묶여서 말을 못하게 되어 버렸다는 것. 정말이지 낭패가 아닐 수 없습니다. 본문 말씀은 우리에게 혀가 묶여서 말을 못하는 벙어리가 되어 버린 한 제사장을 보여줍니다.

그 제사장의 이름은 사가랴입니다. 어느 날 그는 예루살렘 성전의 성소에 들어가 분향하는 일을 제비뽑기를 통해 맡게 되었습니다. 평생에 한 번 맡을까 말까 하는 영광스런 일이었습니다. 그 직무를 감당하러 사가랴 제사장은 성소에 들어갔습니다.

그런데 그가 다시 성소 밖으로 나왔을 때는, 성소 밖에서 그를 기다리고 있던 사람들 앞에 다시 나타났을 때는 그가 달라져 있었습니다. 그는 말 못하는 사람이 되어 있었습니다. 입이 굳어 버린 사람, 혀가 묶인 사람, 벙어리가 되어 있었습니다.

무슨 일이 있었던 것일까요? 성소 안에서 무슨 일이 있었던 것일까요? 사가랴가 성소 안에서 하나님께 분향을 드리고 있었습니다. 그런데 그때, 하나님의 천사가 성소의 향단 옆에서 그에게 나타났습니다. 천사를 본 사가랴는 두려움에 사로잡혔습니다. 진짜 천사를 보고 두려움을 느끼지 않을 사람이 누가 있겠습니까? 놀라 두려워하는 그 제사장에게 천사가 말합니다.

> 사가랴야, 두려워하지 말아라. 13절. 새번역

그러고는 천사는 이렇게 말했습니다.

> 사가랴야, 네 아내 엘리사벳이 네게 아들을 낳아 줄 것이다. 그 이름을 요한이라고 하여라. 그는 어머니 뱃속에 있을 때부터 성령을 충만하게 받을 것이며, 많은 사람을 주 하나님께로 돌아오게 하고, 그들로 하여금 주님을 맞이하도록 준비시켜 줄 것이다. 13-17절 참조

네, 사가랴는 바로 세례 요한의 아버지입니다. 사가랴의 아내의 이름은 엘리사벳이었는데, 성서는 그 두 사람이 하나님 보시기에 좋은 신앙인들이었다고 말하고 있습니다. 그러나 그들에게는 자녀가 없었습니다. 성서의 다른 많은 좋은 신앙인들처럼 그들도 자녀를 갖지 못하는 아픔을 겪고 있었습니다. 이런 그에게 천사가 나타났습니다. 성소에서 주님을 예배하고 있는 그에게 천사가 나타나 말했습니다.

> 사가랴야, 주님께서 네게 아기를 주실 것이다.

기쁜 소식을 전해 준 것입니다. 만약 우리가 이 소식을 들었다면 우리는 어떻게 반응했을까요? 사가랴의 반응이 어땠는지는 우리가 함께 읽은 본문 말씀이 전해 줍니다. 사가랴는 천사에게 이렇게 대답했습니다.

어떻게 그것을 알겠습니까? 나는 늙은 사람이요, 내 아내도 나이가 많으니 말입니다. 18절, 새번역

이 말에 천사가 이렇게 대답합니다.

나는 하나님 앞에 서 있는 가브리엘이다. 나는 네게 이 기쁜 소식을 전해 주려고 보내심을 받았다. 그러나 너는 때가 차면 반드시 이루어질 내 말을 온전히 믿지 않고 표징을 구하는구나. 좋다. 네가 표징을 구하니 표징을 주겠다. 보아라. 이 일이 이루어지는 날까지, 너는 벙어리가 되어서 말을 못하게 될 것이다. 내가 전한 이 기쁜 소식을 네가 온전히 믿지 않았기 때문이다. 19-20절 참조

성소 밖에서 그를 기다리고 있던 사람들에게 사가랴가 다시 나타났을 때 그가 말 못하는 벙어리가 되어 있었던 이유는 바로 이것입니다. 천사가 전해 준 기쁜 소식, 좋은 소식을 믿지 못했기 때문입니다. 반신반의했기 때문입니다.

제사장이 말을 못한다는 것, 입이 굳고 혀가 묶여 말을 못한다는 것은 보통 일이 아닙니다. 여러분, 제사장이란 어떤 사람이지요? 제사장이란 무엇보다 먼저 **하나님을 찬양하는** 사람입니

다. 사람들 앞에서 찬양을 선창하고 사람들로 하여금 마음을 드높여 하나님을 찬양하게 하는 사람입니다. 찬양을 이끄는 사람입니다.

또 제사장은 **사람들을 축복하는** 사람입니다. 하나님 앞에 나아가 하나님께로부터 받은 축복의 말씀으로 사람들을 축복해 주는 사람입니다. 그런데 그런 제사장이, 그렇게 하나님을 찬양하고 사람을 축복해야 할 제사장이 말을 잃어버린 것입니다. 입이 닫히고 혀가 묶여 말을 못하는 벙어리가 되어 버린 것입니다! 정말이지 낭패가 아닐 수 없습니다. 본문 말씀은 이러한 낭패스러운 상황을 이렇게 묘사합니다.

> 백성들이 사가랴를 기다리며 그가 성전 안에서 지체함을 이상히 여기더라. 그가 나와서 그들에게 말을 못하니 백성들이 그가 성전 안에서 환상을 본 줄 알았더라. 그가 몸짓으로 뜻을 표시하며 그냥 말 못하는 대로 있더니.21-22절

한참을 지체하다가 성소 밖으로 나온 사가랴 제사장은 자기를 기다리고 있던 사람들 앞에서 말을 못하고 손짓발짓으로 뜻을 표시했습니다. 무엇을 전하려 했던 것일까요? 아마 안에서 천사를 보았다는 것을 전하려 했을 테지요. '내가 천사를 보았다'는 것을 손짓발짓으로 표현하려 애쓰는 모습은 어떤 모습일까요? 상상해 보면 재미있기도 합니다.

사실 이 상황은 재미있는 상황은 아닙니다. 사실 심각한 상황입니다. 성소에 들어가 하나님 앞에 분향을 하고 나온 제사장,

다시 말해 하나님의 현존에 들어갔다 나온 제사장이 반드시 해야 할 일이 있습니다. 바로 그를 기다리고 있던 사람들을 축복하는 것이었습니다. 성소 밖에서 그를 기다리며 기도하고 있던 사람들에게 제사장은 자신이 성소 안에서 하나님의 현존 가운데서 받은 말씀으로 사람들에게 축복의 말씀을 전해야 했습니다. 그것이 제사장의 일이었고, 그래야 비로소 제사가 온전히 마쳐지는 것이었습니다. 그런데 그런 제사장의 혀가 묶여 버린 것입니다! 입이 닫혀 버린 것입니다!

성소 밖의 사람들, 성소 밖 세상 속에서, 아픔과 슬픔과 상처를 안고 살아가는 사람들에게 치유의 말씀을 전해야 할 제사장이, 낙심과 절망 중에 있는 이들에게 소망의 말씀을 전해야 할 제사장이, 거짓에 속고 미망에 빠져 살아가는 이들에게 진리의 말씀을 전해야 할 제사장이 말 못하는 벙어리가 되어 버린 것입니다. 입이 닫히고 혀가 묶여서 더 이상 찬양의 말, 축복의 말을 하지 못하는 벙어리, 하나님과 사람 사이에서 중보의 역할을 하지 못하는 벙어리가 되어 버린 것입니다.

그런데 여러분, 기억하십니까? 하나님과 사람 사이에서 중보의 역할을 해야 할 성전이 말을 잃어버린 사건이 있었습니다. 말을 잃고 오직 정적만이 흐르는 곳이 되어 버린 사건이 있었습니다. 네, 바로 주후 70년 로마의 티투스 장군에 의해 예루살렘 성전이 멸망당한 사건이 바로 그 사건입니다. 예루살렘 성전의 멸망은, 하나님과 사람 사이에서 제사장의 역할을 해야 할 성전이 말을 빼앗긴 사건이었습니다. 입이 닫히고 혀가 묶여 버린 사건이었습니다. 하나님을 향해 올라가는 찬양의 말들로 가득해야 할 성전이, 또 하나님으로부터 내려오는 축복의 말씀들로 가득해야 할 성전이 허물어져 버린 것입니다. 기쁜 소식을 믿고 받아들이기를 거부했기에, 그리스도의 복음을 믿고 받아들이고 순종하기를 거부했기에 예루살렘은 허물어졌습니다. 돌 하나도 돌 위에 남지 않고 허물어져 더 이상 찬양의 소리, 축복의 말씀을 들을 수 없는 곳이 되어 버렸습니다.

사람들을 축복할 수 없는 제사장, 사람들의 찬양을 이끌지 못하는 제사장, 스가랴 제사장의 모습은 마치 죽음 같은 정적만이 흐르는 잔해더미가 되어 버린 예루살렘 성전의 모습을 보여주는 듯합니다.

하지만 여러분, 누가복음은 말 못하는 벙어리가 되어 버린 한 제사장의 모습을 첫 장면으로 보여주고 있지만, 누가복음의 맨 마지막 장면은 무엇인지 아십니까? 누가복음이 어떻게 끝나고 있는지 아십니까? 제가 누가복음서의 마지막 장 마지막 부분인 24:50-53의 말씀을 읽어드리겠습니다.

예수께서 그들을 데리고 베다니 앞까지 나가사 손을 들어 그들에게 축복하시더니 축복하실 때에 그들을 떠나 [하늘로 올려지시니] 그들이 [그에게 경배하고] 큰 기쁨으로 예루살렘에 돌아가 늘 성전에서 하나님을 찬송하니라.

어떻습니까? 복음의 말씀은 장엄한 축복의 말씀, 우렁찬 찬양의 소리로 끝나고 있습니다! 우리를 위해 죽으시고 부활하신 예수 그리스도, 하늘에서 땅으로 내려오신 주님, 그리고 다시 하늘로 올라가신 주님, 그래서 하늘과 땅을 잇는 중보자이자 우리의 대제사장 되신 주님께서 손을 들어, 손을 들어 우리를 축복하십니다. 하늘의 말씀, 진리의 말씀, 은혜의 말씀, 치유의 말씀, 축복의 말씀을 우리에게 주십니다. 그래서 우리로 하여금 큰 기쁨으로 하나님을 찬양하는 백성이 되게 하십니다. 큰 기쁨의 찬양 소리로 가득한 성전, 돌로 만들어진 성전이 아니라 예수 그리스도의 부활생명으로 살아 있는, **살아 있는 사람들**로 이루어진 하나님의 성전, 참된 성전이 되게 하십니다.

여러분, 성서는 하나님의 성전을 이루고 있는 우리를 일컬어 "왕 같은 제사장들"이라고 말합니다. 베드로전서 2:9은 이렇게 말씀합니다.

> 너희는 택하신 족속이요 왕 같은 제사장들이요 거룩한 나라요 그의 소유가 된 백성이니 이는 너희를 어두운 데서 불러내어 그의 기이한 빛에 들어가게 하신 이의 아름다운 덕을 선포하게 하려 하심이라.

"너희는 왕 같은 제사장들이다." 무슨 말씀입니까? 이제 제사장이 따로 있는 것이 아니라는 말씀입니다. 이제 우리가 다 제사상들이라는 말씀입니다. 하나님을 찬양하고, 찬양을 이끌고, 사람들을 축복하는 제사장. 이제 우리가 바로 그런 제사장들이라는 말씀입니다. 예수 그리스도의 영, 성령을 선물로 받아 모시고 사는 우리가 다 그런 제사장이 되도록 부름받았다는 말씀입니다.

그런데 여러분, 어떻습니까? 성서는 우리를 하나님의 영광스런 제사장들이라고 하지만, 사실 우리는 말할 줄 모르는 제사장들 같지 않습니까? 입이 닫히고 혀가 묶인 벙어리 제사장들 같지 않습니까? 입이 굳고 혀가 묶여, 도무지 축복의 말씀을 전할 줄 모르는 이들이지 않습니까? 사람을 살리는 말, 영혼을 치유하는 말, 믿음과 희망과 사랑을 불어넣어 주는 말, 그런 생명의 말, 그런 축복의 말씀을 도무지 할 줄 모르는 그런 이들이진 않습니까? 사랑의 말, 소망의 말, 치유의 말, 위로의 말, 진리의 말, 은혜의 말을 기다리는 사람들 앞에서 마치 입이 굳은 사람처럼, 마치 혀가 묶인 사람처럼, 마치 심판받아 허물어져 버린 돌 성전처럼, 그렇게 아무 생명 있는 말을 전하지 못하는, 축복의 말과 은혜의 말을 하지 못하는 영적인 벙어리가 되어 버린 것은 아닙니까?

제사장이 축복의 말과 은혜의 말을 하지 못하는 것은 그가 찬양을 잃어버렸기 때문입니다. 하나님을 찬양하는 말을 잃어버렸기 때문입니다. 가슴속에 찬양이 흐르지 않는데, 영혼 깊은 곳에 하나님을 향한 찬양의 강물이 흐르지 않는데, 그 메마른 영혼에서 어떻게 축복의 언어가 샘솟아 날 수 있겠습니까? 그 건조한 영혼에서 어떻게 은혜의 언어, 은혜스러운 말들이 샘솟아 날 수 있겠습니까? 하나님을 찬양하는 말이 없는 제사장은 결코 사람들에게 축복의 말, 은혜의 말을 전해 줄 수 없습니다. 축복의 말, 은혜의 말은 오직 찬양의 소리가 터져 나오는 가슴에서 샘솟아 나옵니다.

그렇다면 여러분, 찬양은 언제 터져 나옵니까? 축복을 샘솟게 하고, 은혜를 샘솟게 하고, 치유를 샘솟게 하는 찬양은 언제 터져 나오는 것입니까? 우리는 언제 찬양의 소리를 터뜨리게 됩니까? 여러분, 그것은 바로 우리가 **복음을 믿을** 때입니다! 우리에게 전해진 그 기쁜 소식을 믿을 때입니다! 그 기쁜 소식에 우리의 영혼이 '**아멘**' 하고 화답할 때입니다. 그 기쁜 소식, 그 좋은 소식, 그 믿을 수 없을 만치 좋은 소식, 그 복음을 **가감 없이** 믿을 때입니다. **담대히** 믿을 때입니다!

우리가 복음의 말씀에서 배우는 바, 우리가 영혼을 다해 '아멘' 해야 할 그 좋은 소식, 그 복음이란 무엇입니까? 그것은 바로 **기적**이 일어난다는 소식입니다. 불임의 태에 아기가 들어설 것이라는 기적의 소식, 처녀가 잉태하여 아들을 낳을 것이라는 기적의 소식, 하나님이 사람이 되어 오신다는 기적의 소식, 죄인이 용서받아 하나님의 자녀가 된다는 기적의 소식, 죽음이 죽임을 당한다는, 죽음이 부활생명에 삼켜진다는 기적의 소식, 새 하늘과 새 땅이 임한다는 기적의 소식, 그런 놀라운 기적의 소식입니다. 사랑의 하나님께서 그 사랑의 전능으로 놀라운 사랑의 기적을 행하신다는 소식입니다!

이 놀라운 사랑의 기적의 소식을 듣고 놀랄 때, 감격할 때, 담대히 믿을 때, 여러분, 그때 비로소 우리 안에서는 찬양이 터져 나옵니다. 전능하신 사랑의 능력으로 새 하늘과 새 땅을 창조하시는 하나님을 향한 우렁찬 찬양의 소리가 터져 나옵니다.

그렇게 우리의 가슴이, 우리의 영혼이, 복음을 듣고 믿어 영혼을 흔드는 감격의 찬양이 터져 나올 때, 그때 비로소 우리의 영혼의 입이 열리며 영혼의 혀가 풀리게 됩니다. 영혼의 입이 열리고 영혼의 혀가 풀려 영혼의 말, 영혼이 깃든 말, 영혼을 울리는 말, 영혼을 구하는 말, 생명의 말을 할 수 있게 됩니다. 생명의 성령을 받아 **거듭난 말**을 할 수 있게 됩니다. 사람을 살리는 말, **살아 있는 말**을 할 수 있게 됩니다.

여러분, 우리는 매주 하나님을 예배하는 성소에 나와 복음을 듣습니다. 여러분, 오늘은 무슨 복음을 들으셨습니까? 저는 들었습니다. 천사 같은 아이들이 나타나 성소의 촛대 옆에서 우리에게 전해 준 복음, 그 기쁜 소식을 들었습니다.

> 나라마다 칼을 쳐서 보습을 만들고 창을 쳐서 낫을 만들리라. 민족들은 칼을 들고 서로 싸우지 않을 것이며 다시는 군사 훈련도 아니하리라. 사 2:4, 공동번역

아픔 많고, 한 많고, 눈물 많은 이 세상에, 이 땅에 마침내, 하나님의 나라가 임할 것이라는 소식. 그 기쁜 소식을 우리는 들었습니다. 새 하늘과 새 땅이, 우리가 감히 꿈도 꾸지 못한 세상이 우리에게 다가오고 있다는 기쁜 소식을 들었습니다. 이 좋은 소식, 이 믿기지 않을 만큼 좋은 소식에 우리 영혼이 진정으로 '아멘' 할 수 있다면, 그때 비로소 우리 안에서는 찬양의 말이 터져 나올 것입니다. 그렇게 찬양의 말로 우리 안이 가득해질 때, 그 찬양의 말들을 뒤이어 축복의 말들이 샘솟아 나올 것입니다. 사람을 살리는 말, 치유하는 말, 일으켜 세워 주는 말, 그 축복의 말들이 먼저 우리 가슴을 채울 것이고, 또 우리 공동체 안을 가득 채울 것입니다. 그래서 우리는 찬양의 소리, 축복의 말씀으로 가득한 성전, 진정한 하나님의 성전이 되어 갈 것입니다. 왕 같

은 제사장들이 되어 갈 것입니다.

주님의 오심을 맞이하는 대림절은 이렇게 우리가 영혼의 말, 생명의 말, 은혜의 말을 되찾는 시기입니다. 함께 찬양하며 서로 축복하는, 사랑의 공동체를 되찾는 시기입니다.

이런 인사가 어찌함인가?

여섯째 달에 천사 가브리엘이 하나님의 보내심을 받아 갈릴리 나사렛이란 동네에 가서 다윗의 자손 요셉이라 하는 사람과 약혼한 처녀에게 이르니 그 처녀의 이름은 마리아라. 그에게 들어가 이르되 은혜를 받은 자여, 평안할지어다. 주께서 너와 함께하시도다 하니 처녀가 그 말을 듣고 놀라 이런 인사가 어찌함인가 생각하매 천사가 이르되 마리아여, 무서워하지 말라. 네가 하나님께 은혜를 입었느니라. 보라. 네가 잉태하여 아들을 낳으리니 그 이름을 예수라 하라. 그가 큰 자가 되고 지극히 높으신 이의 아들이라 일컬어질 것이요 주 하나님께서 그 조상 다윗의 왕위를 그에게 주시리니 영원히 야곱의 집을 왕으로 다스리실 것이며 그 나라가 무궁하리라. 마리아가 천사에게 말하되 나는 남자를 알지 못하니 어찌 이 일이 있으리이까. 천사가 대답하여 이르되 성령이 네게 임하시고 지극히 높으신 이의 능력이 너를 덮으시리니 이러므로 나실 바 거룩한 이는 하나님의 아들이라 일컬어지리라. 보라. 네 친족 엘리사벳도 늙어서 아들을 배었느니라. 본래 임신하지 못한다고 알려진 이가 이미 여섯 달이 되었나니 대저 하나님의 모든 말씀은 능하지 못하심이 없느니라. 마리아가 이르되 주의 여종이오니 말씀대로 내게 이루어지이다 하매 천사가 떠나가니라.눅 1:26-38

성도 여러분, 주님의 은혜를 입으신 여러분, 기뻐하십시오. 주님이 여러분과 함께하십니다.

참 좋은 인사말이지요? 은혜, 주님의 은혜. 기뻐하십시오. 주님이 함께하십니다.

우리는 이런 좋은 인사말을 들으면 즉시 '아멘' 하고 화답하지만, 이 좋은 말을 듣고 '아멘' 하고 금방 화답하지 못했던 한 여인이 있습니다. 바로 마리아입니다.

어느 날, 천사 가브리엘이 마리아를 찾아왔습니다. 성소에서 분향하던 사가랴 제사장 앞에 나타나 아내 엘리사벳이 아들을 낳아 줄 것이라는 기쁜 소식을 전해 준 지 꼭 여섯 달이 지난 때였습니다. 그런데 이번에 가브리엘 천사가 나타난 장소는 예루살렘이 아니었습니다. 거룩한 도성, 성지 예루살렘이 아니었습니다. 이번에 그 가브리엘 천사가 나타난 장소는 갈릴리였습니다. 예루살렘과는 거리가 먼 변방, 거룩한 곳, 성지라는 말이 어울리지 않는 속된 지역, 갈릴리였습니다.

여섯 달 전, 천사 가브리엘은 예루살렘 성전 성소에 나타났습니다. 성전 중에서도 가장 거룩한 장소인 성소, 그 성소 안 향단 옆에 나타났었습니다. 그런데 오늘, 그로부터 여섯 달이 지난 후인 오늘, 천사는 갈릴리에 나타납니다. 갈릴리 중에서도 이름 없는 동네인 나사렛 마을에 나타납니다. 성스러운 향 냄새가 진동하는 성소 안이 아니라, 무지렁이 민초들의 땀 냄새가 배어 있을 것 같은 촌 동네, 그 촌 동네의 어느 누추한 집, 누추한 방 안에 나타납니다.

천사는 한 이름 없는 처녀에게 인사를 건넵니다. 성스런 일을 맡은 이름 있는 원로 제사장이 아니라, 그저 빨래하고 밥하고 설거지하는 일이 주된 일이었을 것 같은 한 어린 처녀에게 찾아와 인사를 건넵니다.

> 은혜를 받은 자여,
> 기뻐할지어다.
> 주께서 너와 함께하시도다. 28절

이 인사말을 들은 그 처녀 마리아는, 본문 말씀에 따르면, 그 인사말에 즉시 화답하지 못했습니다. 즉시 '아멘' 하고 화답하지 못했습니다. 그 대신 마리아는 그저 몹시 놀라워했다고 말하고 있습니다.

왜 그렇습니까? 왜 그 좋은 인사말, "은혜를 받은 자여", "기뻐할지어다", "주께서 너와 함께하신다"는 좋은 말들을 듣고 마리아가 그렇게 놀라워했던 것입니까?

그것은 지금 마리아에게 그 좋은 말들이 그냥 '좋은 말들'이 아니라, 바로 **천사가** 들려주는 말들이었기 때문입니다! 사람들한테서 으레 듣는 좋은 인사말이 아니라, 바로 하나님의 천사로부터 듣는 인사의 말씀이었기 때문입니다. 예사로울 수 없는 말씀, 그냥 예사롭게 듣고 넘길 수 없는 말씀이었기 때문입니다.

그래서 마리아는 곰곰이 생각했습니다. 본문 말씀은 마리아가 "그 말을 듣고 놀라 이런 인사가 어찌함인가 생각"했다고 말씀합니다.29절 "도대체 그 인사말이 무슨 뜻일까" 하는 마음으로 곰곰이 생각했다는 말씀입니다. 심중에 두고 깊이 생각했다는 말씀입니다. "은혜를 입었다고 하시는데, 대체 무슨 말일까?", "기뻐하라고 하시는데, 대체 왜일까?", "주님이 나와 함께하신다고 하시는데, 대체 무슨 말일까?"

천사가 건넨 인사말을 마음에 담고 곰곰이 생각하고 있는 마리아에게 천사가 말씀을 전해 주었습니다.

> 보라. 네가 잉태하여 아들을 낳으리니 그 이름을 예수라 하라. 그가 큰 자가 되고 지극히 높으신 이의 아들이라 일컬어질 것이요 주 하나님께서 그 조상 다윗의 왕위를 그에게 주시리니 영원히 야곱의 집을 왕으로 다스리실 것이며 그 나라가 무궁하리라.31-33절

이 말씀은, 이제 마리아가 수태하여 낳게 될 아기는 커서 **메시아**가 될 인물이라는 말씀이었습니다. 다윗의 아들, 다윗의 자손으로서, 이스라엘을 일으켜 세워 줄 메시아, 하나님을 섬기는 왕 같은 제사장 같은 나라인 이스라엘을 일으켜 세워 줄 메시아가 바로 마리아의 몸에서 태어날 것이라는 말씀이었습니다.

그러자 마리아에게 궁금한 마음이 들었습니다. 질문이 생겼습니다. 그래서 묻습니다.

> 나는 남자를 알지 못하니 어찌 이 일이 있으리이까.34절

"저는 남자를 알지 못하는 처녀인데, 어떻게 이런 일이 있겠습니까?" 여섯 달 전, 예루살렘 성전의 성소 안에서도 사가랴 제사장이 천사의 말을 듣고 비슷한 질문을 던졌던 적이 있었습니다. 아내 엘리사벳에게 줄 것이라는 천사의 말에 그 제사장이 뭐라고 말했었는지 기억하십니까? 그때 그는 이렇게 말했습니다.

어떻게 그것을 알겠습니까? 나는 늙은 사람이요, 내 아내도 나이가 많으니 말입니다. 눅 1:18, 새번역

그때 하나님의 천사는 사가랴의 이런 반응을 불신앙으로 여겼습니다. 믿음에 미치지 못하는 응답으로 여겼습니다. 왜 그럴까요? 사가랴는 제사장이었기 때문입니다. 사람들에게 **하나님 이야기**를 들려주는 제사장이었기 때문입니다. 100세 아브라함과 그의 아내 사라에게 하나님이 아기 이삭을 주신 이야기, 또 불임의 몸이었던 한나에게 하나님께서 아기 사무엘을 주신 이야기. 사라랴는 바로 그런 이야기들을 보존하고, 전하고, 가르쳐야 할 제사장이었기 때문입니다.

그런데 예루살렘의 그 존경받는 노제사장 사가랴는, 성서에 기록되어 있는 그런 이야기들이 바로 오늘, **지금 여기서도** 일어날 수 있다는 것을 그 순간 온전히 믿지 못했습니다. 아브라함의 기도를 들으셨던 하나님이, 한나의 기도를 들으셨던 하나님이 바로 오늘도, 지금 여기에도 살아 계시다는 것을 의심했었습니다.

그러나 여기 갈릴리의 어린 처녀 마리아의 반응은, 의심이 담긴 질문이라기보다는, 그야말로 어리둥절하여 묻는 단순

한 질문이라고 할 수 있습니다. "네? 내가 아기를 낳는다고요? 나는 아직 남자를 알지 못하는 처녀인데 대체 무슨 말씀이신지요?" 하는 질문이었습니다.

그도 그럴 것이, 처녀가 잉태하여 아이를 낳는다는 말을 마리아는 지금껏 어디서도 들어 보지 못했기 때문입니다. 불임의 몸에 아기가 생긴 이야기들은 있지만, 남자를 전혀 알지 못하는 동정녀의 몸에서 아기가 태어난 일은 거룩한 성서 어디에도 없는 일이었기 때문입니다.

무슨 일입니까? 하나님이 이제 **새로운** 일을 시작하고 계신 것입니다! 새로운 일, 새 일. 마치 태초에 천지를 창조하셨을 때처럼, 이제 하나님은 그 누구도 들어 보지 못한 일, 아니 생각지도 못한 일, 전적으로 새로운 일, 새 일, 새 창조의 일을 시작하고 계신 것입니다.

"나는 남자를 알지 못하니 어찌 이 일이 있으리이까?" 지금껏 들어 보지 못한 새로운 말씀 앞에서 어리둥절해하는 마리아에게 하나님의 천사는 마리아가 수태하여 낳게 될 그 아기에 대해, 하나님이 행하실 새 창조의 일에 대해 보다 깊은 말씀을 들려줍니다.

천사가 대답하여 이르되 성령이 네게 임하시고 지극히 높으신 이의 능력이 너를 덮으시리니 이러므로 나실 바 거룩한 이는 하나님의 아들이라 일컬어지리라.35절

"성령이 네게 임하실 것이다. 하나님의 영이 네게 임하실 것

이다. 그리고 지극히 높으신 이의 능력이 너를 덮으실 것이다."
이 말씀은 우리를 창세기 1:1로 데려가 줍니다. 창세기, 그 **시작**의 책이 어떻게 시작되고 있는지 기억하십니까? 바로 **성령**으로 시작되고 있습니다! 하나님의 영인 성령이 혼돈과 공허의 세계, 흑암의 세계 위에 임해, 마치 어미새의 날개처럼 그 세계를 덮고 자신의 품 안에 품어, 찬란한 빛의 세계, 충만한 생명 세계, 창조 세계를 이루어 내셨습니다. 그렇게 태초에 창조를 이루어 내신 그 성령, 하나님의 영이 이제 마리아에게 임하고 그를 덮어, 그의 태로부터 새 창조의 일을 시작하시는 것이었습니다. 그의 태를 모태로 하여 새로운 인간, 새로운 아담을 창조해 내시는 것이었습니다. 그리고 그 새로운 인간, 새로운 아담, 예수 그리스도를 통해 새로운 창조의 일을 시작하시는 것이었습니다.

이렇게 마리아의 태에서 성령으로 잉태되어 나실 그 아기 예수는 메시아, 다윗의 아들 이상의 존재입니다. 그것을 훨씬 넘어서는 존재입니다. 그분은 **하나님의 아들**이십니다! 그분은 하나님의 아들이 사람이 되어 오신 분입니다. 그분은 하나님의 말씀이 육신이 되어 이 땅에 오신 분입니다. 예수 그리스도는 아담으로부터 시작된 옛 세상은 도무지 알지 못하는 사람, 아니 생각지도 못했던 사람입니다. 그분은 새로운 세상을 여신 새로운 아담, 새로운 인간이셨습니다. 하나님과 사람이 하나 되는 세상, 천국 세상, 사람의 아들과 사람의 딸이 하나님의 생명을 받아 하나님의 아들과 하나님의 딸이 되는 그런 새로운 세상, 하나님 나라를 여신 분입니다.

천사가 마리아에게 전해 준 말씀, 그 말씀은 다름 아니라 **복**

음의 말씀이었습니다. 여러분, 복음이 무엇입니까? 복음은 한마디로 '**주님이 우리와 함께하신다**'는 소식입니다! 주님이 우리와 함께하신다. 참 좋은 말입니다. 그러나 그뿐일까요? 그저 좋은 말에 불과할까요? 이 세상에 많고 많은 좋은 말들 중 하나에 불과할까요? 그렇지 않습니다! 그렇지 않다는 것을 무얼 보고 알 수 있나요? 바로 **예수 그리스도**를 보고 알 수 있습니다!

예수 그리스도는 우리와 함께하시는 주님이십니다. 예수 그리스도는 **정말** 사람과 함께하신 주님이셨습니다. 어디까지 함께하셨습니까? 죽음의 자리까지 함께하셨습니다. 그분은 죽음의 자리까지 내려가셨습니다. 왜 그러셨습니까? 바로 죽음의 자리까지 내려가, 그렇게 죽음의 자리에 앉아 있는 사람을, 아담을, 인류를, 자신과 함께 데리고 올라오시기 위함이었습니다! 사람에게 부활생명을 선물로 주시기 위함이었습니다. 살아가는 것 같지만 실은 한 걸음 한 걸음, 한 시간 한 시간 죽음을 향해 나아가고 있는 인간, 그렇게 실제로는 죽어가고 있는 사람들에게 진정으로 살아가는 삶, 한 걸음 한 걸음, 한 시간 한 시간 부활생명의 삶을 향해 걸어가는 삶, 그렇게 진정으로 살아가는 삶을 선물로 주시기 위함이었습니다.

이것이 **은혜**입니다! 이것이 바로 하나님의 놀라운 은혜입니다. 이것이 바로 "은혜를 입었다"는 말의 의미입니다. 생명을 삼켜 없애는 죽음을 앞두고 살아가던 삶에서, 이제 죽음을 삼켜 없애는 부활생명의 삶을 앞두고 살아가는 삶으로 구원받는 것. 여러분, 이것이 은혜 아닙니까? 이것이 하나님의 놀라운 은혜 아닙니까? 성도는 이런 놀라운 은혜를 입은 자들입니다. 이 놀라

운 은혜를 아는 사람들입니다. 이런 놀라운 은혜를 알기에, 성도
는 기쁨의 사람들이 됩니다. **기쁨**을 아는 사람이 됩니다.

　은혜를 알면 기쁨을 알게 됩니다. 은혜를 알기 전에는 기쁨
을 모릅니다. 욕망의 만족에서 오는 쾌락은 알지만, 욕망보다
더 깊은 자리에 있는 영혼을 충만케 해주는 기쁨은 알지 못합니
다. 그러나 은혜를 알면 기쁨을 알게 됩니다. 은혜를 아는 사람
은 기쁨을 아는 사람이 됩니다. 하늘의 기쁨, 하늘에서 내려오는
기쁨, 하늘이 이 땅을 품고 있다는 것을 아는 데서 오는 기쁨. 이
흑암의 땅, 이 혼돈과 공허의 땅을 하늘이, 하늘의 하나님의 성
령이 어미새처럼 날개를 활짝 펴서 품고 있다는 것을 아는 데서
오는 기쁨. 그렇게 새 창조의 일을 하고 있다는 것을 아는 데서
오는 기쁨. 그러한 구원의 기쁨을 알게 됩니다. 그래서 이런 기
쁨을 아는 이들, 구원받은 성도들은 부활의 아침에 함께 모여 서
로 평화의 인사를 나누는 것입니다. 서로 평화의 인사를 나누며
이렇게 말하는 것입니다.

　주님이 함께하십니다!

　주님이 함께하십니다. 어떻습니까? 성도가, 서로가 서로에
게 하나님의 천사가 되어 주는 것입니다! 하나님의 천사가 되어
"은혜를 입은 이여, 기뻐할지어다. 주께서 너와 함께하시도다"
하고 말해 주는 것입니다. 복음의 인사말을 전해 주는 것입니다.
　하나님의 천사로부터 복음의 인사말을 듣고 또 복음의 말씀
을 전해 들은 마리아는 마침내 이렇게 대답했습니다.

주의 여종이오니 말씀대로 내게 이루어지이다.38절

무엇입니까? 그 말씀을 받아들인 것입니다! 그 복음의 말씀을 '아멘' 하고 받아들인 것입니다! 자신 안에 하나님의 생명을 수태시켜 주는 그 복음 말씀을 믿으며, 순종하며 자기 안에 받아들인 것입니다. 그래서 그때부터 마리아는 자기 안에 수태된 그 하나님의 생명의 탄생을 기다리는 사람이 되었습니다. 자신 안에 수태된 그 생명, 하나님의 생명, 하늘의 생명, 옛 세상의 생명이 아닌 새 세상의 생명이, 마침내 눈으로 볼 수 있는 모습으로 나타나는 그날을 기다리는 사람이 되었습니다.

여러분, 복음의 말씀을 듣고 믿음으로 순종하며 받아들인 성도들도 그렇습니다. 복음의 말씀을 듣고 믿음으로 순종하며 받아들였을 때, 우리 안에는 하나님의 생명이, 하늘의 생명이 수태되었습니다. 그러나 아직 우리는 그 생명을 눈으로 보지는 못하고 있습니다. 우리는 아직 기다리고 있습니다. 그 생명이 마침내 그 영광스러운 모습으로 나타날 그날을 기다리고 있습니다. 주님이 오시는 날을 기다리고 있습니다. 골로새서 3장은 이렇게 말씀합니다.

여러분의 생명은 그리스도와 함께 하나님 안에 감추어져 있습니다. 여러분의 생명이신 그리스도께서 나타나실 때에, 여러분도 그분과 함께 영광에 싸여 나타날 것입니다.3-4절, 새번역

또한 요한일서 3장도 이렇게 말씀하고 있습니다.

보라. 아버지께서 어떠한 사랑을 우리에게 베푸사 하나님의 자녀
라 일컬음을 받게 하셨는가, 우리가 그러하도다. 그러므로 세상이
우리를 알지 못함은 그를 알지 못함이라. 사랑하는 자들아, 우리
가 지금은 하나님의 자녀라. 장래에 어떻게 될지는 아직 나타나지
아니하였으나 그가 나타나시면 우리가 그와 같을 줄을 아는 것은
그의 참모습 그대로 볼 것이기 때문이니.1-2절

여러분, 우리는 주님의 나타나심을 기다리는 사람들입니다.
우리를 위해 죽으시고 부활하신 주님이 나타나시는 그날에는,
지금은 옛 세상 속에 감추어져 있는 새로운 세상이 마침내 옛
세상을 삼키고 찬란한 모습을 나타낼 것입니다. 그러면 지금 우
리 안에 수태되어 있는 그 생명, 지금은 희미한 태동만을 느끼고
있을 뿐인 그 하늘의 생명이, 마침내 우렁찬 노랫소리를 터뜨리
며 밖으로 나와 우리의 누추한 몸을 그리스도의 부활의 몸과 같
은 영광스러운 몸으로 변화시켜 줄 것입니다. 우리에게는 이러
한 소망, 산 소망이 있습니다. 우리는 이러한 산 소망을 가지고
예수 그리스도의 오심을 기다리는 사람들입니다. 여러분, 이러
한 대림의 신앙인들에게, 주님의 천사가 건네는 인사말을 들으
십니까?

은혜를 받은 자여,
기뻐할지어다.
주께서 너와 함께하시도다!

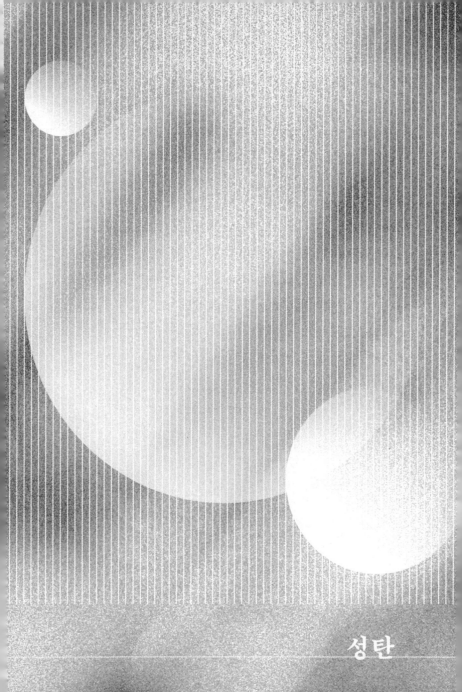

성탄

크리스마스가
'키스'를 뜻한다고 하면
믿으시겠습니까?

평화의 왕

그때에 가이사 아구스도가 영을 내려 천하로 다 호적하라 하였으
니 이 호적은 구레뇨가 수리아 총독이 되었을 때에 처음 한 것이
라. 모든 사람이 호적하러 각각 고향으로 돌아가매 요셉도 다윗의
집 족속이므로 갈릴리 나사렛 동네에서 유대를 향하여 베들레헴
이라 하는 다윗의 동네로 그 약혼한 마리아와 함께 호적하러 올라
가니 마리아가 이미 잉태하였더라. 거기 있을 그때에 해산할 날이
차서 첫아들을 낳아 강보로 싸서 구유에 뉘었으니 이는 여관에 있
을 곳이 없음이러라. 눅 2:1-7

황제가 칙령을 내렸습니다. 로마 제국의 지배 아래 있는 자
들은 모두 호적 등록을 하라는 명령이었습니다. 인구 조사를 한
것인데, 주된 목적은 세금 징수와 군인 징병을 위한 것이었습니
다. 보지는 않았지만 저는 아마 그 로마 황제의 칙령이 적힌 공
문서에 여러 번 등장하는 단어가 하나 있었을 것이라 생각합니
다. 무엇이겠습니까?
바로 '평화'입니다.

평화. 황제가 좋아하는 단어입니다. 제국이 좋아하는 단어입니다. 왜 제국이 필요합니까? 왜 '슈퍼 파워'가 필요합니까? 평화, 세계 평화를 위해서입니다. 힘있는 제국이 없다면, 힘있는 제국이 있어서 세계의 경찰 노릇을 하지 않으면, 세계는 그야말로 깡패 나라들이 활보하는 무법천지가 될 것이기 때문입니다. 왜 황제가 필요합니까? 평화, 제국의 평화를 위해서입니다. 권력이 집중된 황제가 없다면, 서로 권력자가 되려는 이들의 힘겨루기, 그 권력 싸움에 제국은 산산조각 나고 말 것이기 때문입니다. 평화, 평화를 위해 제국이 필요하고 황제가 필요했습니다. 제국이 없고 황제가 없다면 세상은 피비린내 나는 정글, 적자생존의 왕국이 되고 말 것이라는 두려움 위에, 그 두려움에 기초한 논리 위에 로마가 서 있었고, 그 제국의 보좌 위에 황제가 앉아 있었습니다.

그 보좌에 앉아 있는 황제가 칙령을 내린 것입니다. 통치력의 강화와, 그를 통한 제국의 안녕과, 또 그를 통한 세계의 평화를 위해. 돈을 모으고 군대를 모으고 금력과 무력을 갖추기 위해 황제가 내린 칙령이었습니다.

"천하로 다 호적하라"는 명령을 내린 그 황제의 이름은 아구스도 곧 아우구스투스Imperator Caesar divi filius Augustus(63 BC-AD 14)였습니다. 훌륭한 군주였다고 역사가 기록하고 있는 황제입니다. 오랜 내전을 종결짓고 마침내 로마와 세계에 평화를 가져와 '로마의 평화Pax Romana'의 시대를 연 왕으로 추앙받는 왕이었습니다. 그 황제가 세상에 가져왔다는 평화를 기리기 위해 세워진 큰 제단이 지금도 로마에 남아 있습니다. 그는 제국의 시민들에게

성탄

'세상의 구원자'이자, '목자와 같은 왕'이며, 추앙받는 왕이었습니다.

누가가 전하는 예수 그리스도의 탄생 이야기, 성탄의 복음 이야기는 이렇게 제국의 시민들에 의해 평화의 왕으로 추앙받는 한 왕의 이름을 거명하는 것으로 시작되고 있습니다. 그 왕이 온 세상에 미치는 칙령을 선포하고 있는 장면으로 시작하고 있습니다.

> 그때에 가이사 아구스도가 영을 내려 천하로 다 호적하라 하였으니. 1절

모두 자신의 본관 고을로 가서 거기서 호적 등록을 하라는 황제의 명령을 따라, 마리아와 요셉도 살던 곳 갈릴리 나사렛을 떠나 먼 길을 떠났습니다. 두 사람의 목적지는 베들레헴이었습니다. 마리아와 정혼 관계에 있는 요셉은 다윗 가문의 후손이었는데, 요셉의 본관 마을이 바로 베들레헴이었기 때문입니다.
' 이 여행길에 오를 때 이미 마리아는 임신 중이었습니다. 베들레헴에 도착해 머무는 기간 중에 마침 해산일이 찼고, 그래서 마리아는 그곳에서 아기를 낳게 됩니다. 누가는 예수 그리스도의 탄생 이야기를 더없이 간결하게 전해 줍니다.

> 거기 있을 그때에 해산할 날이 차서 첫아들을 낳아 강보로 싸서 구유에 뉘었으니 이는 여관에 있을 곳이 없음이러라. 6-7절

'강보'란 포대기라는 뜻이지요. '구유'는 다른 말로 하면 여물통, 그러니까 소나 당나귀의 먹이를 담아 두는 통입니다. 갓난아이를 포대기로 싸서 여물통 안에 뉘었다는 말인데, 이는 여관에 빈 방이 없었기 때문이라고 누가는 전하고 있습니다. 아마 방이 없어서 외양간 곧 축사 같은 곳에 마리아와 요셉이 머물면서 아기를 낳은 것 같습니다.

강보에 싸여 구유에 뉘인 갓난아기. 여러분, 누가가 이 최초의 크리스마스 장면을 묘사하면서 제목을 달았다면, 무엇이라 달았을 것 같습니까? 아마 이렇게 달았을 것 같습니다.

왕이 나셨도다!
평화의 왕이 나셨도다!
진정한 왕,
진정한 평화의 왕이 나셨도다!

강보에 싸여 구유에 뉘인 그 아기, 예수 그리스도야말로 진정한 왕, 진정한 평화의 왕이라는 선언입니다. 진정한 평화의 왕은 곤룡포를 입고 왕궁 보좌에 앉아 천하를 호령하고 있는 그 왕이 아니라, 바로 하늘 영광의 보좌를 버리고 이 땅에 내려오셔서 여기 허름한 축사 안에서 강보에 싸여 구유에 뉘인 아기 예수, 그 예수 그리스도야말로 진정한 평화의 왕이시라는, 복음의 선언입니다. 진정한 목자, 진정한 구원자는 오직 예수 그리스도이시라는 믿음의 선언입니다.

강보에 싸여 구유에 뉘인 아기 예수. 누가가 전하는 예수님의 인생 이야기는 그렇게 시작되고 있습니다. 그렇다면 누가가 전하는 예수님의 인생 이야기는 어떻게 마치고 있는지 아십니까? 누가복음 23:53입니다.

이를 내려 세마포로 싸고 아직 사람을 장사한 일이 없는 바위에 판 무덤에 넣어 두니.

십자가에 달려 돌아가신 예수님의 시신을 십자가에서 내려 세마포로 싸고, 무덤 안에 뉘었다는 말씀입니다. 강보에 싸여 구유 안에 뉘이는 것으로 시작된 예수님의 인생 이야기는 세마포에 싸여 무덤 안에 뉘이는 것으로 마치고 있습니다. 자신을 받아들여 주는 방이 없어 축사에서 태어나, 강보에 싸여 구유 안에 뉘인 아기 예수. 자신을 받아들이지 않는 사람들의 손에 십자가에 못 박혀 죽어, 세마포에 싸여 무덤에 뉘이신 예수 그리스도.

여러분, 그리스도인들은 바로 이런 예수를 왕으로, 평화의 왕으로, 구원자로 고백하며 찬양하며 섬기는 것입니다. 제국의 시민들이 보기에 그런 그리스도인들은 참 알 수 없는 족속입니다. 힘없이 십자가에 달려 죽임당한 이가 왕이라니. 가난하기 그지없어 구유에 뉘인 아기가 왕이라니.

그러나 여러분, 제국의 시민들이 모르는 것이 있습니다. 제국의 시민들이 보지 못하는 것이 있습니다. 제국의 시민들은 보지 못하고 알지 못하지만, 하나님 나라의 시민들은 보고 있고 알고 있는 것이 있습니다. 그것이 무엇입니까? 그것은 바로, 그렇게 힘없이 십자가에 달려 죽임당한 예수 그리스도께서 바로 그 **십자가를 보좌로 삼아** 좌정하시고, 우리와 세상을 왕으로 다스리고 계시다는 사실입니다. 그렇게 가난하기 그지없어 구유에 뉘었던 아기 예수는 다름 아니라 바로 우리를, 세상을 부요하게 하시기 위해 스스로 가난해지신 하나님의 아들이었다는 사실입니다!

황제의 금력도 없이, 황제의 무력도 없이, 연약하기 그지없는 아기의 모습으로 강포에 싸여 구유에 뉘이신 아기 예수. 하나님 나라의 시민들은 바로 그 예수를 왕으로, 진정한 왕으로, 진정한 평화의 왕으로 섬기고 찬양합니다.

그래서 하나님 나라 시민들의 인사말은 '로마의 평화Pax Romana'가 될 수 없습니다. 하나님 나라 시민들의 인사말은 '**그리스도의 평화**Pax Christi'입니다. 이 평화는 폭력을 통해, 두려움에 뿌리를 둔 폭력을 통해 얻어지는 평화가 아닙니다. 이 평화는 사랑을 통해, 희생의 사랑을 통해, 두려움을 내쫓는 온전한 사랑을 통해 이루어지는 평화입니다. 이 평화는 없는 이들, 약한 이들에게 희생을 강요해서 만들어 내는 평화가 아닙니다. 이 평화는 사랑의 희생을 통해, 십자가의 사랑을 통해 이루어지는 평화입니다. 십자가의 능력으로 이루어지는 평화입니다.

성탄은 기쁜 날입니다. 축제의 날입니다. 하지만 성탄은 이 세상에서 한자리하는 사람들, 더 큰 자리, 더 높은 자리, 더 편한 자리를 차지하려고 힘겨룸하는 이들과는 별 상관없는 축제입니다. 성탄은 제국의 논리, 황제의 논리, 힘의 논리, 자본의 논리가 지배하는 이 세상에서 설 땅을 잃은 이들, 발붙일 곳 잃은 이들, '누울 자리' 없는 이들, 그렇게 작고 연약한 이들, 또 그렇게 세상의 모든 작고 연약한 것들을 둘러싸고 있는 하늘의 신비한 빛을 알아보는 이들, 그렇게 마음이 가난한 이들, 바로 그런 이들을 위해 구주가 나신 날입니다.

그들을 위해 왕이, 평화의 왕이 나신 날입니다.

키스

예수 그리스도의 나심은 이러하니라. 그의 어머니 마리아가 요셉과 약혼하고 동거하기 전에 성령으로 잉태된 것이 나타났더니 그의 남편 요셉은 의로운 사람이라. 그를 드러내지 아니하고 가만히 끊고자 하여 이 일을 생각할 때에 주의 사자가 현몽하여 이르되 다윗의 자손 요셉아, 네 아내 마리아 데려오기를 무서워하지 말라. 그에게 잉태된 자는 성령으로 된 것이라. 아들을 낳으리니 이름을 예수라 하라. 이는 그가 자기 백성을 그들의 죄에서 구원할 자이심이라 하니라. 이 모든 일이 된 것은 주께서 선지자로 하신 말씀을 이루려 하심이니 이르시되 보라. 처녀가 잉태하여 아들을 낳을 것이요 그의 이름은 임마누엘이라 하리라 하셨으니 이를 번역한즉 하나님이 우리와 함께 계시다 함이라. 요셉이 잠에서 깨어 일어나 주의 사자의 분부대로 행하여 그의 아내를 데려왔으나 아들을 낳기까지 동침하지 아니하더니 낳으매 이름을 예수라 하니라. 마 1:18-25

내게 입맞추기를 원하니 네 사랑이 포도주보다 나음이로구나. 아 1:2

성탄

크리스마스가 '키스'를 뜻한다고 하면 믿으시겠습니까?

요셉은 약혼녀가 아이를 가졌다는 것을 알게 되었습니다. 자기와 상관없는 일이었습니다. 요셉은 파혼을 생각했습니다. **당연한** 생각을 한 것입니다. 그런데 요셉은 당연한 생각만 했던 것이 아닙니다. 그는 당연한 생각을 넘어서는 생각도 합니다. 무슨 생각인가요? 약혼녀를 보호하고 싶다는 생각이었습니다. 그를 지켜 주고 싶다는 생각이었습니다. 사람을 위하는 생각이었습니다.

본문 말씀은 요셉을 "의로운 사람"이었다고 말씀하고 있습니다.

> 그의 남편 요셉은 의로운 사람이라. 그를 드러내지 아니하고 가만히 끊고자 하여.19절

약혼녀가 나와 상관없는 아이를 가졌습니다. 이럴 때 당연히 해야 할 일, 당시 사람으로서 당연히 해야 할 일은 이를 드러내는 것이었습니다. 동네방네 알리고 만천하에 폭로해 파혼의 책임이 있는 약혼녀로 하여금 만인의 손가락질을 받도록 하는 것이었습니다.

그것이 당연한 것이었습니다. 그것이 당시의 법, 율법을 따르는 일이었습니다. 율법에 따른 올바른 일이었습니다. 그런데 성서는 무엇이라고 말씀하나요? 성서는 그런 율법을 따르지 않은 요셉을 의로운 사람이었다고 말씀하고 있습니다. 율법에 부합하는 생각, 당연한 생각만 한 것이 아니라, 율법을 넘어서는

생각, **사람 생각**도 한 요셉을 의로운 사람이었다고 말씀하고 있습니다.

의로운 사람 요셉은 그래서 생각이 많았을 것 같습니다. 사람 생각도 해야 했기 때문입니다. 그래서였을까요? 많은 생각에 지쳐서였을까요? 요셉은 잠듭니다. 아니, 하나님께서 요셉을 잠들게 하십니다. 하나님께서 요셉에게 잠을 주십니다. 사랑하시는 이에게 하나님께서 잠을 주십니다.시 127:2 참조

왜 잠을 주시나요? '꿈'을 꾸게 해주시려는 것입니다. 하나님이 꿈을 꾸게 하시려는 것입니다. 왜 하나님이 꿈을 꾸게 하시는 것인가요? 그 이유는 오직 그런 꿈에서만 들을 수 있는 무엇이 있기 때문입니다. 그것이 무엇인가요?

바로 **복음**입니다. **임마누엘**의 복음입니다. 하나님이 오셨다는 복음입니다. 하나님이 우리와 함께하시러 오셨다는 복음입니다. 하나님이 영원히 우리와 함께하시러 오셨다는 복음입니다.

이 복음을 **동화 같은** 이야기로 여기는 분들이 계십니다. 복음을 **신화 같은** 이야기로 여기는 분들이 계십니다. 신화 같은 이야기, 널리 인간을 이롭게 하기 위하여弘益人間 신이 인간 세상에 내려왔다는 그런 신화 같은 이야기로 여기는 분들이 계십니다.

잘 보셨습니다. 복음은 그런 **신화 같은 이야기, 동화 같은 이야기**입니다.

기억하십니까? 요셉이 주님의 천사에게서 들은 이야기는 무엇이었나요? 요셉은 어떤 이야기를 들었나요? 그 이야기는, "너의 약혼녀 마리아, 그의 태중의 아기는 다름 아니라 '성령으로 말미암아' 잉태된 아기"라는 이야기였습니다. 그 아기는 남

자와 상관없이 잉태된 아기라는 이야기였습니다. 그 아기는 하나님에게서 난 아기라는 이야기였습니다. 하나님에게서 난 그 아기는 장차 온 세상을 구원하실 구원자가 될 아기라는 이야기였습니다.

네, 동화 같은 이야기이지요. 신화 같은 이야기입니다. **철학적인** 이야기가 아닙니다. 철학적인 이야기였다면 그 이야기는 복음이 될 수 없습니다. 복음은 철학적인 이야기가 아니라 동화 같은 이야기, 신화 같은 이야기입니다. 그래서 복음입니다. 그래서 기쁜 소식입니다. 온 세상에 미칠 큰 기쁨의 좋은 소식입니다.

'복음'은 '기쁜 소식'이라는 뜻이지요. 그런데 복음이 왜 기쁜 소식일까요?

꿈같은 일이 일어났다는 소식이기에 그런 것입니다. 꿈같은 일이 **일어났다**는 소식이기에, 동화 같은 일이 정말로 일어났다는 소식이기에, 신화 같은 일이 참말로 일어났다는 소식이기에 기쁜 소식인 것입니다.

동화와 신화가 무엇인가요? 동화와 신화는 **꿈**입니다. 인류가 꾸었던 꿈입니다. 사람은 꿈을 꾸지요. 왜 사람은 꿈을 꿀까요? **영혼**이 있기 때문입니다. 그리고 사람의 영혼은 **그리워하기** 때문입니다. 님을 그리워하기 때문입니다. 영혼의 님이신 하나님을 그리워하기 때문입니다. 기다리기 때문입니다. 하나님을 기다리기 때문입니다. 꿈꾼다는 것은 그리워한다는 것이고, 꿈꾼다는 것은 기다린다는 것이지요. 사람은 하나님을 그리워하고 사람은 하나님을 기다립니다.

신화와 동화, 종교와 예술, 이런 것들은 꿈입니다. 인류가 꾸었던 꿈, 하나님을 그리워하며 하나님을 기다리며 인류가 꾸었던 꿈입니다. 이런 동화가 있지요. 왕자가 공주를 찾아오는 동화, 악한 마법에 걸려 잠들어 있는 아름다운 공주를 깨우기 위해 왕자가 찾아온다는 동화.

그런 동화, 그런 꿈이 **이루어졌다**는 소식입니다! 복음은 바로 그런 꿈이, 그런 꿈같은 일이 '일어났노라'는 소식입니다.

님이 오셨다! 우리 영혼의 님께서 오셨다! 우리를 깨우시러, 잠들어 있는 우리를 깨우시러, 악한 마법에 걸려 있는 우리, 마귀와 세상과 죄의 권세에 사로잡혀 죽은 듯이 잠들어 있는 우리를 깨우시러 님이 오셨다. 우리 안에 잠들어 있는 아름다움을 깨워 주시러 님께서 오셨다!

그런데 님은 어떻게 우리를 깨워 주시나요? 왕자는 공주를 어떻게 깨워 주나요?

기억하십니까? 공주를 깨우기 위해선 왕자는 무엇을 해야 하나요? 네, 공주에게 **키스**해 주어야 합니다. 잠자고 있는 공주에게 키스해 주어야 합니다. 그래야 죽은 듯이 잠자고 있던 그 아름다운 공주가 깨어 일어납니다. 그 잠자고 있던 아름다움the sleeping beauty이 일어납니다.

아십니까? 교회의 역사 2천 년을 통틀어 설교 본문으로, 묵상 구절로 가장 많은 사랑을 받아 왔던 성경구절들 중 하나가 바로 아가서 1:2이었습니다.

내게 입맞추기를 원하니.

"Let him kiss me with the kisses of his mouth!" 이 구절은 공부 많이 하는 신학자들보다는 기도 많이 하는 수도자와 영성가들이, 특별히 사랑하여, 그 영성적, 신학적 의미를 풀이하는 많은 책과 글들을 남긴 구절입니다.

"내게 입맞추기를 원하니." 내게 키스해 달라는 말이지요. 'Kiss me!'라는 말입니다. 많은 영성가들은 이 구절을 성육신 **Incarnation**에 대한 말씀으로 묵상했습니다. 하나님의 아들 성자의 성육신, 말씀이 육신이 되어 우리 가운데 오신 그 신비의 사건에 대한 말씀으로 풀이했습니다.

> 성육신이 무엇이냐? 하나님이 키스하신 것이다! 하나님이 인류에게 키스해 주신 것이다! 하나님의 키스가 없이는, 그 생명의 주님의 키스 없이는 죽음의 자리에서 일어날 수 없었던 인류에게, 하나님이 오셔서, 주님이 찾아오셔서 키스해 주신 것이다. 키스해 주시며 말씀해 주신 것이다. "나의 사랑, 나의 어여쁜 자야, 일어나서 함께 가자."아 2:13. 참조

어떻습니까? 생각해 보면, 아가서의 그 구절들은 본래 그런 뜻이 아니었을 것 같습니다. 그저 남녀 간의 사랑을 노래하는 구절들이었을 것 같습니다. 네, 그 영성가들도 그렇게 생각했습니다. **생각할 때는** 그렇게 생각했습니다.

그런데 우리가 알아야 할 것이 있습니다. 그 영성가들이 그

구절에서 성육신에 대한 예언의 말씀을 듣고 영적인 기쁨 가운데 들어갔을 때, 그들은 **생각하고** 있었던 것이 아닙니다. 그들은 **생각하고** 있었던 것이 아니라, **꿈을 꾸고** 있었던 것입니다. 하나님께서 꾸게 해주시는 꿈! 사람의 생각을 중단시키시고 하나님께서 꾸게 해주시는 꿈을 꾸고 있었던 것입니다.

그 꿈에서 그들은 천사가 전해 주는 말씀을 들었던 것입니다. 천사가 전해 주는 말씀, 오직 하나님께서 꾸게 해주시는 꿈속에서만 들을 수 있는 말씀, 사람이 사람의 생각 속에 머물고 있을 때는 결코 들을 수 없고, 오직 그 밖으로 나올 때, **사람의 생각의 세계** 밖으로 나와 하나님이 꾸게 해주시는 꿈의 세계 속으로 들어갈 때, 다시 말해 하나님의 **계시**의 세계 속으로 들어갈 때, 오직 그때에만 들리는 말씀, 바로 그 **복음**의 말씀을 들었던 것입니다.

복음의 말씀을 들으셨습니까? 그렇다면 여러분은 기쁠 것입니다. **꿈같이** 기쁘실 것입니다. 어찌 기쁘지 않을 수 있겠습니까? 주님이 오셨는 걸요! 하나님이 오셨습니다! 우리와 함께하시러 오셨습니다! 우리와 영원토록 함께하시러 오셨습니다! 우리와 영원토록 함께 사시러, **동거**하시러 오셨습니다! 우리를 신부 삼으시러 오셨습니다. 우리에게 키스해 주시러 오셨습니다.

그리하여 우리를 깨우시려고, 우리 안에 있는 아름다움을 깨우시려고, 우리도 몰랐던 우리 안의 그 아름다움을 깨우시려고, 우리 안에 있는 **하나님의 형상**을 깨우시려고 주님이 오셨습니다. "나의 사랑, 나의 어여쁜 자야, 일어나서 함께 가자."

크리스마스가 키스를 뜻한다고 하면 믿으시겠습니까?

이제, 믿으십니다.

성탄

눈크 디미티스

❖

모세의 법대로 정결 예식의 날이 차매 아기를 데리고 예루살렘에
올라가니 이는 주의 율법에 쓴 바 첫 태에 처음 난 남자마다 주의
거룩한 자라 하리라 한 대로 아기를 주께 드리고. 눅 2:22-33

그리스도를 보기 전에는 죽음을 보지 않으리라는 말씀을 들
은 사람이 있었습니다. 성령께서 일러 주신 말씀이었는데, 그 말
씀을 들은 사람은 시므온이었습니다.

예루살렘에 시므온이라 하는 사람이 있으니 이 사람은 의롭고 경
건하여 이스라엘의 위로를 기다리는 자라. 성령이 그 위에 계시더
라. 그가 주의 그리스도를 보기 전에는 죽지 아니하리라 하는 성
령의 지시를 받았더니. 25절

우리말 성경에는 "그리스도를 보기 전에는 죽지 아니하리
라"고 되어 있지만, 원문을 직역하면 "그리스도를 보기 전에는
죽음을 보지 않으리라"입니다.

"그리스도를 보기 전에는 죽음을 보지 않으리라." 시므온에게 성령께서 일러 주신 이 말씀은 약속의 말씀이자 소명의 말씀이었습니다. 그리스도를 보게 되리라는 약속의 말씀이면서, 또한 그리스도를 기다리라는 소명의 말씀이었습니다.

그리스도를 기다리는 것이 왜 소명일까요? 성경에서 '기다린다'는 말은 그저 넋 놓고 기다린다는 말이 아니라, **깨어** 기다린다는 말이기 때문입니다. 그리스도를 기다린다는 것은 깨어 기다린다는 것입니다. 그리스도가 오실 때 그분을 알아보고 맞이할 수 있도록 늘 깨어 있다는 것입니다.

시므온은 깨어 기다렸습니다. 평생을 깨어 기다렸습니다. 성서는 말씀합니다. "시므온은 '의롭고 경건하여 이스라엘의 위로를 기다리는 자'였다. '성령이 그 위에 계시는' 사람이었다."

그러던 어느 날이었습니다. 성령의 감동을 따라 시므온은 예루살렘 성전으로 발걸음을 옮겼습니다. 그리스도를 깨어 기다리라는 소명의 말씀과 그리스도를 보게 되리라는 약속의 말씀을 주셨던 성령께서 그를 감동시켜 발걸음을 그리로 인도하신 것입니다.

성전을 찾은 시므온, 약속의 말씀을 붙들고 평생을 성령 안에서 깨어 기다려 온 그 경건한 노인 시므온의 눈에 그때 들어오는 이들이 있었습니다. 한 가난한 젊은 부부와 그들의 품에 안겨 성전에 들어오는 한 아기였습니다. 율법에 따라 출산 후 40일이 되는 날 제사를 드리려고 마리아와 요셉이 아기를 안고 성전에 들어오고 있었습니다.

평생을 성령 안에서 깨어 기다리는 삶을 살아온 시므온, 성

　　　성탄

령의 감동을 따라 발걸음을 옮기며 살아온 시므온은 그 순간 알아보았습니다. 그 노인은 성전에 들어오는 부부에게 다가가 그 아기를 받아서는 자신의 품에 안습니다. 그리고 그는 찬양의 기도를 터뜨립니다.

> 눈크 디미티스 세르붐 투움, 도미네, 세쿤둠 베르붐 투움, 인 파체.
> Nunc dimittis servum tuum, Domine, secundum verbum tuum, in pace.
> 주재여, 이제는 말씀하신 대로 종을 평안히 놓아 주시는도다.29절

무슨 기도인가요? "주님, 이제 종을 평화로이 쉬게 해주십니다", "주님, 이제 종이 평화로이 죽음을 맞이하게 해주십니다"라는 찬양의 기도입니다. "그리스도를 보기 전에는 죽음을 보지 않으리라"는 말씀을 받았던 시므온. 그래서 그 약속의 말씀, 그 소명의 말씀을 따라 평생을 깨어 기다리는 대림의 신앙의 삶을 살아온 그가 마침내 말씀의 성취를 본 것입니다. 말씀이 이루어진 것을 본 것입니다. 그는 그리스도를 보았습니다. 그는 하나님의 구원을 보았습니다. "시므온이 아기를 안고 하나님을 찬송하여 이르되 주재여, 이제는 말씀하신 대로 종을 평안히 놓아 주시는도다. 내 눈이 주의 구원을 보았사오니 이는 만민 앞에 예비하신 것이요 이방을 비추는 빛이요 주의 백성 이스라엘의 영광이니이다."28-32절

"눈크 디미티스……." 시므온의 이 기도는, 그간 많은 이들이 자신의 일생을 마무리하는 임종의 자리에서 자신의 기도로

삼아 드렸던 기도입니다. "주님, 이제 종을 평화로이 쉬게 해주십니다", "주님, 이제 종을 평화로이 죽음을 보게, 평화로이 죽음을 맞이하게 해주십니다." 이런 기도, 이런 믿음의 기도, 이런 믿음과 평화의 기도를 죽음 앞에서 드렸던 이들은 어떤 이들이었을까요?

네, 신앙인들입니다. 시므온처럼 그리스도를 보게 된 신앙인들, 시므온처럼 그 하나님의 구원을 보게 된 신앙인들입니다. 시므온처럼 믿음의 눈을 떠, 그리스도는 바로 우리를 위해 오신 주님이심을, 우리를 위해 죽으신 주님이심을, 우리를 위해 부활하신 주님이심을 알아보고 영접한 이들입니다. 세상이 알아보지 못한 그리스도를 알아보고 자신 안에 영접한 신앙인들입니다. 시므온이 아기 예수를 품에 안고 찬양하듯, 그렇게 예수 그리스도를 믿음으로 영접한 가슴으로 매주일, 매일, 매시간, 평생 하나님을 찬양해 온, 하나님의 구원을 노래해 온 신앙인들입니다. 그렇기에 그 신앙인들은 믿음과 평화의 기도 가운데 죽음을 맞이할 수 있었던 것입니다. 죽음을 이기는 믿음 가운데, 죽음을 삼켜 버리는 평화 가운데 죽음을 맞이할 수 있었던 것입니다.

어떻게 그럴 수 있었을까요? 어떻게 그렇게 죽음을 두려움 없이, 죽음의 얼굴을 두려움 없이 볼 수 있었던 것일까요? 바로 '그리스도를 보았기' 때문입니다. '하나님의 얼굴'을 보았기 때문입니다. 하나님의 얼굴이신 예수 그리스도를 보았기 때문입니다. 죽음을 이기고 부활하신 예수 그리스도의 얼굴에서 빛나는 하나님의 찬란한 영광의 빛, 그 생명의 빛을 보았기 때문입니다.

그래서 그 부활의 신앙인들에게 죽음은 죽음이 아니었습니다. 죽음은 자는 것이었습니다. 잠드는 것이었습니다. 주님의 품 안에 안겨 잠드는 것이었습니다. 마침내 세상 노고를 다 마치고, 믿음의 달려갈 길을 다 마치고, 이제 쉬는 것이었습니다. 주님의 품 안에 안겨 쉬는 것이었습니다. "눈크 디미티스……." "주님, 이제 종을 평화로이 쉬게 해주십니다."

그런데 여러분, 이 '눈크 디미티스 기도'는 신앙인들이 자신의 죽음의 자리에서 자신의 기도로 삼아 드리는 기도이기도 하지만, 사실 이 기도가 가장 많이 드려졌던 자리는 죽음의 자리가 아니었습니다. 이 기도가 언제 가장 많이 드려진 기도였는지 아십니까?

교회의 역사 2천여 년 동안 신앙인들이 이 기도를 하나님께 드려 온 대표적인 자리는, 다름 아니라 '잠자리'였습니다. 잠들기 전이었습니다. '눈크 디미티스 기도'는 그리스도 교회가 '밤 기도Vespers'로 지정하여 드려 온 기도였습니다. 밤에 성도들이 교회에 와서, 혹은 집에서 하루를 마감하며 드리는 기도였습니다. "눈크 디미티스……." "주님, 이제 종을 평화로이 쉬게 해주십니다."

이 기도, 경건한 신앙인들이 매일 잠들기 전에 드렸던 이 기도에는 어떤 믿음의 고백이 담겨져 있는 것일까요? 저는 생각해 봅니다. 하루를 마감하는 그 시간, 경건한 신앙인들은 기억했던 것 같습니다. 죽음을 기억했던 것 같습니다. '메멘토 모리Memento mori', 자신의 죽음을 기억했던 것 같습니다.

주님, 이렇게 시간이 흘러 하루를 마칠 때가 오듯, 그렇게 제 인생도 마칠 때가 올 것입니다. 이렇게 하루를 마무리하며 잠자리에 들 듯, 그렇게 제가 일생을 마무리하며 죽음의 자리에 들 때가 올 것입니다. 주님, 이렇게 하루의 노고를 마치고, 오늘 달려갈 믿음의 경주를 마치고, 이렇게 주께서 은총으로 주시는 쉼의 자리에 들듯이, 제가 일생의 노고와 일생의 믿음의 경주를 다 마치는 그날, 저로 믿음과 평화 가운데 그 자리에 들게 하소서. 주님 주시는 그 안식의 자리, 그 쉼의 자리에 믿음으로 들게 하소서. 그 자리에서도, 주님, 제가 지금 이 자리에서 드리는 이 기도를 드리며 주님의 품에 안기게 하소서. "주님, 이제 종을 평화로이 쉬게 해주십니다." "눈크 디미티스……."

밤마다 이 기도를 드리며 잠자리에 들었던 성도들. 그렇게 죽음 앞에서 드리는 믿음의 기도를 매일 잠자리에서 드리고 잠에 든 그 성도들. 그들에게는 다음 날 눈을 떠 맞이하는 그 아침이 어떤 아침이었을까요?

그 아침은 바로 **부활의 아침** 같은 아침이지 않았을까요? 찬란한 아침. 찬란한 부활의 아침 햇살 같은 햇살이 잠에서 깨어나 눈을 뜨는 그들을 맞이해 주는 그런 아침이지 않았겠습니까? 그리고 그런 햇살, **해같이 빛나는 하나님의 얼굴**에서 나오는 듯한 그 햇살을 맞는 그 신앙인들의 영혼에선 이런 고백이 터져 나오지 않았을까요?

아, 주님이 나를 깨워 주시는구나. 이렇게 잠에서 깨워 새날을 주시듯, 그렇게 부활의 날을 주시는구나. 주님께선 나를 죽음의 잠에서 깨워, 내게 새날을, 새로운 삶을 주시는구나.

그러니 살아야겠다. 믿음으로 살아야겠다. 소망으로 살아야
겠다. 사랑으로 살아야겠다. 믿음과 소망과 사랑으로 하루하루 살
아야겠다. 오늘 하루, 맡겨 주신 사명을 충성스럽게 감당하고, 오
늘 하루, 베풀어 주시는 일용할 행복에 감사드리며, 오늘 하루, 허
락하시는 고난을 믿음으로 견디며, 하루하루 경건하게 살아가야
겠다.

날마다 죽음을 기억하고 연습했던 그들, 그 신앙인들은 그
렇게 날마다 부활을 기억하고 연습했던 것입니다. 하루하루 죽
음을 연습하고, 하루하루 부활을 연습하며 살았던 것입니다. 하
루하루 그렇게 부활의 능력으로 자기 십자가를 지며 살았던 것
입니다. 그렇게 하루하루 믿음으로 살아서, 지금 여기서 벌써부
터 영원을 앞당겨 누리며 살았던 것입니다.

여러분, 한 해의 마지막이 다가오고 있습니다. 시간이 참 빠
르지요? 시간이 참 빠릅니다. 하지만 신앙인들은, 경건한 신앙
인들은, 그리스도를 모르는 사람들처럼 그저 시간이 너무 빠르
다고, 한 해가 또 지나가 버렸다고 불평을 늘어놓거나 한숨을 쉬
지 않습니다.

그 대신 그들은 '기도'합니다. 기도하며 죽음을 기억하고, 기
도하며 부활을 기억합니다. 그렇게 죽음을 연습하며 그렇게 부
활을 연습할 때, 그때 비로소 새해는 진정으로 새로운 해가 될
수 있습니다. '새로움Novitas'은 오직 그리스도 예수 안에 있기 때
문입니다.

주현

지금 너의 얼굴은
어떤 얼굴이냐?

요나의 표적

　카타콤 아시지요? 초대 교회 순교자들과 성도들이 묻힌 지하 묘지입니다. 박해받던 성도들의 은신처가 되기도 했던 곳입니다. 이 카타콤에 가면 조각이나 벽화들을 볼 수 있습니다. 고난 가운데 있던 그들, 그 고난 가운데 그림을 그렸던 것입니다. 소망을, 믿음의 소망을 그린 것입니다.

　카타콤에서 자주 발견되는 그림들로 이런 것들이 있습니다. 목자가 양 한 마리를 자기 어깨에 둘러메고 가고 있는 그림. 그리고 보리떡 다섯 개와 물고기 두 마리가 바구니에 담겨 있는 그림. 그런데 그런 그림들과 더불어 카타콤에서 가장 많이 발견되는 그림들 중에 지금 우리가 생각하기에 다소 뜻밖인 그림이 하나 있습니다.

　바로 **요나**를 그린 그림입니다. 요나가 바다에 던져지는 모습, 그리고 요나가 다시 뭍으로 나오게 된 모습을 그린 그림들입니다.

　또 흥미로운 점은 그 그림들에서 요나는 자주 나신으로, 벌거벗은 모습으로 등장한다는 점입니다. 성서 요나서는 요나가 나신이 되었다, 벌거벗었다고 말씀하고 있지 않지요. 그렇다면 왜 그 그림들에서는 요나가 벌거벗은 모습으로 등장할까요? 그것은 다름 아니라 요나를 **세례** 받는 사람으로 그린 것이기 때문입니다. 그 그림들에서 요나는 세례 받는 이를 나타내는 것이기 때문입니다.

초기 교회 때는 세례 받는 이들이 옷을 거의 다 벗은 채로 물속에 들어갔습니다. 무슨 뜻에서 그렇게 했을까요? 그들에게 세례는 **벗어 버리는** 것이었기 때문입니다. **옛 사람을 벗어 버리는** 것이었기 때문입니다. 또 세례는 **새 사람을 입는** 것이었습니다. 세례 받고 물 밖으로 나오는 그들에게는, 그래서 새 옷이 입혀졌습니다. 이처럼 세례는 **거듭나는** 것이었습니다. 하나님의 자녀로 **다시 태어나는** 것이었습니다. **물과 성령으로** 다시, **새로** 태어나는 것이었습니다. 그래서 그들은 새로 태어나는 아기처럼, 그렇게 벌거벗은 모습으로 세례를 받았습니다.

카타콤 벽에 그림을 그려 넣은 그 신앙의 아티스트들은 요나를, 바닷물 속에 던져졌다가 다시 물 밖으로 나오게 된 요나를 세례 받은 사람으로 보았습니다. 요나 이야기를 자신이 받는 세례의 영적 의미를 밝혀 주는 이야기로 보았습니다.

세례 받는 이처럼 요나는 물속에 들어갔습니다. 물 밑으로 **내려갔습니다.** 요나서를 유심히 읽어 보면, 요나는 **내려가는** 사람이었습니다. 하나님은 요나에게 "일어나 니느웨로 가라"고 하셨지요. 그러나 요나는 하나님의 말씀을 듣지 않고 욥바로 **내려갔습니다.** 그리고 니느웨의 정반대 방향인 다시스로 가는 배를 잡아 탄 요나는 그 배 밑층으로 **내려갔습니다.** 내려가 누웠습니다. 누워 잠이 들었습니다. 깊이 잠이 들었습니다. 성서는 말씀합니다.

> 요나는 배 밑층에 내려가서 누워 깊이 잠이 든지라.욘 1:5

하나님은 "일어나 가라"고 하셨는데, 소명을 주셨는데, 요나는 자빠져 자고 있는 것입니다.

그런 요나를 하나님이 가만두시지 않습니다. 하나님은 바다에 큰 폭풍을 보내셨고, 요나는 제비가 뽑혀 바닷물 속에 던져집니다. 이 시간 읽을 말씀은 바닷물 속에 던져진 요나가 하나님께 드리는 기도입니다.

> 요나가 물고기 뱃속에서 그의 하나님 여호와께 기도하여 이르되 내가 받는 고난으로 말미암아 여호와께 불러 아뢰었더니 주께서 내게 대답하셨고 내가 스올의 뱃속에서 부르짖었더니 주께서 내 음성을 들으셨나이다. 주께서 나를 깊음 속 바다 가운데에 던지셨으므로 큰 물이 나를 둘렀고 주의 파도와 큰 물결이 다 내 위에 넘쳤나이다. 내가 말하기를 내가 주의 목전에서 쫓겨났을지라도 다시 주의 성전을 바라보겠다 하였나이다. 물이 나를 영혼까지 둘렀사오며 깊음이 나를 에워싸고 바다 풀이 내 머리를 감쌌나이다. 내가 산의 뿌리까지 내려갔사오며 땅이 그 빗장으로 나를 오래도록 막았사오나 나의 하나님 여호와여, 주께서 내 생명을 구덩이에서 건지셨나이다. 내 영혼이 내 속에서 피곤할 때에 내가 여호와를 생각하였더니 내 기도가 주께 이르렀사오며 주의 성전에 미쳤

나이다. 거짓되고 헛된 것을 숭상하는 모든 자는 자기에게 베푸신 은혜를 버렸사오나 나는 감사하는 목소리로 주께 제사를 드리며 나의 서원을 주께 갚겠나이다. 구원은 여호와께 속하였나이다 하니라. 여호와께서 그 물고기에게 말씀하시매 요나를 육지에 토하니라. 욘 2:1-10

요나는 기도하며 무엇이라고 말하고 있나요? 요나는 자신이 바닷속 깊은 곳까지 **내려가게** 되었노라고 말하고 있습니다. 바닷속 깊은 곳까지, 그 심연까지 내려가게 되었노라고 말하고 있습니다.

2절에서 요나는 그 바닷속 깊은 곳, 그 심연을 '스올'이라고 부르고 있습니다. 스올은 히브리어로 '음부', '죽은 이들의 처소', '죽음의 심연'을 뜻하는 말입니다. 하나님을 피해 달아나, 소명을 피해 달아나 내려가게 된 것입니다. 내려가고 내려가다가 마침내 죽음의 심연으로까지 내려가게 된 것입니다.

아니, 내려갔다기보다는 **가라앉았다**고 해야 할 것 같습니다. 요나는 가라앉은 사람이었습니다. 무거워 가라앉은 사람이었습니다. 죄가 무거워 가라앉은 사람, 죄의 무게로 가라앉은 사람, 죄의 무게로 죽음의 심연으로까지 가라앉은 사람, 바로 아담이었습니다.

이 아담을 건져내시러 그리스도께서 **내려가셨습니다!** 죽음의 심연으로까지 내려가셨습니다. 아담이 가라앉은 그 죽음의 물속으로 들어가 그 물속 깊은 곳으로, 그 죽음의 심연으로까지 내려가셨습니다.

그러고는 **올라**오셨습니다! 아담을 데리고 올라오셨습니다. 아담을 안고 올라오셨습니다. 아담을 어깨에 둘러메고 올라오셨습니다.

노래하며 올라오셨습니다. 승리의 노래를 부르며 올라오셨습니다. 그것이 **부활**입니다. 하늘이 열린 것입니다! 하늘이 열리고 하늘에서 성령이 내려오신 것입니다. 하늘이 열리고 성령이 내려오시고 하늘로부터 소리가 들려오는 것입니다. 하늘로부터 들려오는 소리.

너는 내 사랑하는 아들이라. 내가 너를 기뻐하노라. 막1:11

이 소리는 누구를 향해 들려오는 소리인가요? 누구를 향해 들려오는 하늘의 소리인가요? 그리스도를 향해 들려오는 하늘의 소리입니다. 그리스도 안에 있는 아담을 향해 들려오는 하늘의 소리입니다. 그리스도 안에 있는 아담, 그리스도 품 안에 안겨 그리스도와 함께 그 죽음의 물 위로 올라오는 아담을 향해, 사람을 향해 하늘에서 선포되는 소리입니다.

이 소리를 들으셨습니까?

네, 들으셨습니다! 세례 받으신 분들은 다 들으신 것입니다. 그리스도의 이름으로 세례 받으신 분들, 거룩하신 성부와 성자와 성령의 이름으로 세례 받으신 모든 분들은 다 이 음성을 들으신 것입니다.

너희가 다 믿음으로 말미암아 그리스도 예수 안에서 하나님의 아들이 되었으니 누구든지 그리스도와 합하기 위하여 세례를 받은 자는 그리스도로 옷 입었느니라. 갈 3:26-27

믿고 세례 받아, 그리하여 구원받은 모든 성도는 이 복된 음성을 들으신 것입니다.

그런데 잊으셨습니까? 이 음성을 잊으셨습니까? 그렇다면 기억하십시오. 오늘, 이 자리에서, 다시 기억하십시오. 여러분이 받으신 그 세례를 기억하십시오!

오늘은 우리가 받은 세례를 기억하는 날입니다. 오늘은 영어로는 'Epiphany'라고 하는 주현절主顯節 주일입니다. 주현절은 교회력에서 부활절 다음으로 가장 오래된 절기로서, 주님의 현현 곧 빛으로 오신 예수께서 세상에 자신을 나타내신 것을 기뻐하는 날입니다. 많은 교회들은 오늘 예수께서 요단강에서 세례받으시고 세상을 위한 공생애를 시작하신 것을 기념합니다.

그리고 성도들은 기억합니다. 오늘, 예수께서 오신 것은 바로 나를 위한 것이었음을 기억합니다. 죽음의 심연 속으로 가라앉고 있던 나, 죄의 무게로 그렇게 끝 모를 구렁 속으로 한없이 가라앉고 있던 나를, "허물과 죄로 죽었던" 나를 주님이 "살리셨다"는 것을 기억합니다.

"본질상 진노의 자녀"였던 우리를 "긍휼이 풍성하신 하나님이 우리를 사랑하신 그 큰 사랑을 인하여 우리를 그리스도와 함께 살리셨고 또 함께 일으키사 그리스도 예수 안에서 함께 하늘에 앉히셨다"는 사실을 기억합니다. 엡 2:1-10

기억하며 감격합니다. 어찌 감격하지 않을 수 있습니까? '은혜'인데요. 오직 은혜인데요. 이 구원, 오직 하나님의 선물인데요. 우리에게서 난 것이 아니요, 행위에서 난 것이 아니요, 오직 하나님의 선물인데요. 오직 하나님의 은혜인데요.

구원받은 사람이란 은혜를 아는 사람입니다.

어떤 사람이 구원받은 사람인가요?

모든 사람은 자기 내면 가장 깊은 곳에 "나는 누구인가?" 하는 질문에 대해 오직 자신만이 알고 있는 자기 대답을 가지고 있습니다. "나는 누구인가?" 이 질문에 어떤 이는 "나는 명문 대학 출신이다" 하는 대답을 자기 내면 가장 깊은 곳에 가지고 있습니다. 또 어떤 이는 "나는 실패한 사업가다" 하는 대답을 가지고 있습니다. 또 어떤 이는 "나는 목사다, 장로다." 또 어떤 이는 "나는 상처받은 영혼이다." 또 어떤 이는 "나는 괜찮은 인간이다." 또 어떤 이는 "나는 나쁜 놈이다" 하는 대답을 가지고 있습니다.

그러나 그런 대답들을 가진 사람은 구원받은 사람이 아닙니다. 명문 대학 출신도, 실패한 사업가도, 목사도, 장로도, 상처받은 영혼도, 괜찮은 인간도, 나쁜 놈도, 구원받지 못합니다.

구원받은 사람이란 "나는 누구인가?" 하는 질문에 자기 내면 가장 깊은 곳에 바로 이런 대답이 자리 잡고 있는 사람입니다.

나는 성부와 성자와 성령의 이름으로 세례 받은 사람이다.

"나는 거룩하신 성부와 성자와 성령의 이름으로 세례 받은 성도다."

"나는 은혜를 받은 사람이다. 나는 그리스도께서 건져내어 주신 사람이다. 가라앉고 있던 나, 어디로 가라앉고 있는지도 모른 채 끝없이 가라앉고 있던 나를 어디선가 나타난 어떤 커다란 손이 꽉 붙들어 나를 품에 안고서 위로 올라가, 아, 나로 하여금 하늘을 보게 해주셨다. 하늘의 빛을 보게 해주셨다. 하늘의 소리를 듣게 해주셨다. 하늘에서 들려오는 소리, 하늘에서 쏟아져 내려오는 그 빛의 소리를 듣게 해주셨다."

너는 내 사랑하는 아들이다.
너는 내 사랑하는, 내 기뻐하는 딸이다.

웬 말인지, 웬 은혜인지. 마음속에 감격이 있는 사람, 마음속에 성령이 계시는 사람, 마음속에 성령이 계셔서, 하나님을 아바 아버지라, 예수 그리스도를 주님이라 부르는 사람. 그 사람이 구원받은 사람입니다.

세례를 기억한다는 것은 받은 은혜를 기억하는 것입니다. 받은 구원을 기억하는 것입니다. 예수 그리스도를 기억하는 것입니다. 요단강 그 죽음의 강, 물속으로 죄인들과 하나 되어 들어가시고, 그리고 올라오시어 하늘을 열어 주신 죄인들의 구주. 우리 구주 예수 그리스도를 기억하는 것입니다.

천사의 얼굴

세례 받으신 예수께서는 산에 오르셨습니다. 그리고 그 산에 예수께서 앉으셨습니다. **착좌**하셨습니다. 그리고 입을 여십니다. 입을 열어 말씀하십니다. 육신의 입을 열어 **하나님의 말씀**을 하십니다.

하늘과 땅이 만나는 곳, 그 산에 울려퍼진 하나님의 말씀, 예수 그리스도의 산상 설교는 이렇게 시작됩니다.

복되어라!
복되어라, 마음이 가난한 이들! 하늘나라가 그들의 것이니,
복되어라, 애통하는 이들! 그들은 위로를 받으리니.
복되어라, 온유한 이들! 그들은 땅을 상속받으리니.
복되어라, 의에 굶주리고 목마른 이들! 그들은 배부르게 되리니.
복되어라, 자비를 베푸는 이들! 그들은 자비를 받으리니.
복되어라, 마음이 깨끗한 이들! 그들은 하나님을 뵙게 되리니.
복되어라, 평화를 일구는 이들! 그들은 하나님의 아들들이라 일컬
　　어지리니.

복되어라, 의 때문에 박해 받는 이들! 하늘나라가 그들의 것이니.

나 때문에 박해받는 그대들, 복되도다!

기뻐하라! 기뻐하고, 즐거워하여라! 마5:3-12 참조

네, 기뻐하고 즐거워했습니다. 예수님의 제자들은 기뻐하고 즐거워했습니다. 박해받는 가운데서도 기뻐하고 즐거워했습니다. 스데반의 얼굴을 기억하십니까? 자신을 박해하는 사람들 앞에 서 있던 스데반의 얼굴. 사도행전은 그 얼굴이 "천사의 얼굴" 같았다고 말씀하고 있습니다.

공회 중에 앉은 사람들이 다 스데반을 주목하여 보니 그 얼굴이 천사의 얼굴과 같더라. 행6:15

천사의 얼굴, 빛나는 얼굴, 기쁨으로 빛나는 얼굴, 하늘의 기쁨으로 빛나는 얼굴. 스데반의 얼굴은 그런 얼굴이었습니다.

어떻게 그럴 수 있을까요? 어떻게 죽음을 앞두고 있는 사람의 얼굴이, 자신을 죽일 수도 있는 사람들 앞에 서 있는 사람의 얼굴이 그렇게 기쁨으로 빛나는 얼굴일 수 있을까요?

예수님 때문이지요. 예수님 때문입니다. 예수께서 죽음을 이기셨기 때문입니다. 죽음을 이기신 예수께서 이제 하나님의 보좌 우편에 앉아 계시기 때문입니다. 그 예수를 뵙기 때문입니다. 사도행전은 무엇이라고 말씀하나요?

스데반이 성령 충만하여 하늘을 우러러 주목하여 하나님의 영광

과 및 예수께서 하나님 우편에 서신 것을 보고 말하되 보라. 하늘
이 열리고 인자가 하나님 우편에 서신 것을 보노라 한대. 행 7:55-56

"보라. 하늘이 열리고 인자가 하나님 우편에 서신 것을 보노
라." 여러분, 이것이 그리스도교 신앙입니다. 이것이 그리스도교
신앙의 기쁨입니다. 그리스도교 신앙의 기쁨은 부활의 기쁨입
니다. 예수께서 부활하셨고, 예수의 부활을 통해 이제 새로운 세
상이 열렸다는 기쁨입니다.

그 기쁨을 말씀하시는 것입니다. 예수께서, 복되어라, 복되
어라, 복되어라…… 말씀하시는, 아니 노래하시는 것은 바로 이
기쁨 때문입니다. 이 기쁨을 말씀하시는 것입니다. 이 기쁨을 노
래하시는 것입니다.

그리스도의 산상설교의 서두, 흔히 '팔복'이라고 불리는 이
말씀을 다시 말해 보면 이렇습니다.

복되어라, 십자가의 길을 걷는 이들! 부활의 기쁨이, 부활의 능력
이 그들과 함께하리니.

제자는 스승의 길을 따라가는 사람입니다. 스승 예수께서
가신 길은 무엇이었습니까? 십자가의 길이었지요. 그런데 그 길
은 생명 길이었습니다. **부활생명**의 길이었습니다. 부활생명이
넘치는 길, 장차 누릴 부활생명을 벌써부터 누리는, 앞당겨 누리
며 가는 길이었습니다. 그래서 복된 길이었습니다. 이 복된 길로
초대하고 계신 것입니다. 이 복된 길로 우리를 초대하고 계신 것

입니다. 복되어라, 자기 십자가를 지고 가는 제자들! 부활의 영광이 벌써부터 그들의 것이니.

부활의 영광이 벌써부터 그들의 것이라는 것을 어떻게 알수 있나요? 어떻게 확인할 수 있나요?

그들의 **얼굴**에서 알 수 있습니다. 그들의 빛나는 얼굴에서알 수 있습니다. 은혜받아 빛나는 얼굴, 세상을 다 가진 사람 같은 얼굴, 늘 하나님을 뵙고 사는 사람 같은 얼굴, 하나님의 아들같은 얼굴…….

하나님의 아들 같은 얼굴은 어떤 얼굴인가요? 우리는 신의아들들은 어떤 얼굴인지 알고 있습니다. 어떤 얼굴인가요? 부모잘 만나, 고생을 면제받은 이의 얼굴이지요. 윤기 나는 얼굴입니다. 우리는 그런 이를 '신의 아들'이라고는 부르지만, 그러나 누구도 그들을 '하나님의 아들'이라고는 부르지 않습니다.

그럴 수 없지요. 하나님의 아들은 어떤 사람입니까? 복무하는 사람입니다. 하나님 나라에 복무하는 사람입니다. 평화를위해 일하는 사람입니다. 평화를 만들어 내는 사람입니다. **자기를 죽여** 평화를 만들어 내는 사람입니다. 남을 죽이지 않고 남을희생시키지 않고, 자기를 희생하여 평화를 만들어 내는 사람입니다.

그런 사람의 얼굴을 보신 적이 있습니까? 네, 있을 것입니다. 보면 어떻습니까? 그런 분들의 얼굴은 어떤가요? 그런 분들의 얼굴에는 마치 후광이 둘려 있는 것 같습니다. 후광, 아버지의 후광, 하늘에 계신 그들의 아버지에게서 내려오는 청정한 천상의 빛이 그들의 육신의 얼굴을 둘러 감싸고 있는 것 같습니다.

주현

이 빛 때문이었을 것입니다. 죽음을 앞두고 있는 스데반의 얼굴이 천사의 얼굴과 같았던 것은 바로 이 빛 때문이었을 것입니다. 이 빛을 받았기 때문일 것입니다.

이 빛은 어떻게 받나요? 이 빛은 무엇으로 받습니까? 이 빛은 **마음**으로 받습니다. 천상의 빛은 오직 마음으로 받습니다. 머리가 아닙니다! 마음입니다. 머리에 빛을 받았다고, 머리가 계몽enlighten되었다고 사람의 얼굴이 빛나지 않습니다. 사람의 얼굴은 머리가 아니라 마음에 빛을 받을 때 빛납니다.

사람의 얼굴을 빛나게 해주는 그 빛, 그 하늘의 빛, 그 하늘의 빛을 받는 마음은 어떤 마음입니까? **하나인 마음**입니다. 하나인 마음으로 하늘을 바라보는 마음입니다. 두 마음을 품고서가 아니라, 온 마음으로, 마음을 다해 전심으로 하나님을 바라보는 마음입니다.

마음을 다해, 전심으로, 온 마음으로 하나님을 바라보는 사람. 이런 사람을 가리켜 성서는 마음이 청결한 사람이라고 부릅니다. 그리고 주님께서는 이런 사람을 복되다 말씀하십니다. 하나님을 뵐 것이기 때문입니다. 아니, 벌써부터 뵙고 있기 때문입니다. 벌써부터 뵙고 있어서 그들의 얼굴은 빛납니다. 하늘에서 지금 하나님을 뵙고 있는 천사의 얼굴처럼 빛납니다.

우리들의 얼굴은 어떻습니까? 하나님의 말씀이 우리에게 던지시는 모든 물음은 어쩌면 이 한 물음으로 요약될 수 있는 것인지 모르겠습니다.

너의 얼굴은 어떠냐?

"지금 너의 얼굴은 어떤 얼굴이냐?" "주님, 무슨 말씀이십니까? 제 얼굴이 어디 제 책임인가요? 부모 책임이지요. 살아온 환경 책임이지요." 말귀를 잘 못 알아듣는 제자들처럼 우리도 주님께 이렇게 되물을 수도 있을 것입니다.

그러나 주님은 뭐라고 말씀하실까요?

> 너의 책임이다. 너의 얼굴은 너의 책임이다. 너의 얼굴만큼은 너의 책임이다. 전적으로 너의 책임이다. 다른 것은 너의 책임이 아니다. 너의 책임이 아닐 수 있다. 네가 잘난 사람이지 못한 것, 잘나기는커녕 못난 사람인 것, 너의 탓이 아닐 수 있다. 그러나 너의 얼굴은 너의 탓이다. 너의 책임이다. 전적으로 너의 책임이다.

왜 얼굴은 전적으로 우리의 책임일까요? 왜냐하면 얼굴은 우리의 얼이 나타나는 곳이기 때문입니다. 얼굴은 우리의 영혼이 나타나는 곳이기 때문입니다. 그리고 우리의 얼, 우리의 영혼은 우리의 책임입니다. 전적으로 우리의 책임입니다. 아니, 성서에서 '영혼'이라는 말은 실은 인간에게 있는 **책임**, 하나님 앞에서 인간에게 있는 책임을 말해 주는 말입니다.

책임이란 무엇인가요? 책임은 영어로 'responsibility'이지요. 이것은 '**응답**response'이라는 말과 '**능력**ability'이라는 말이 합쳐져 된 말입니다. 응답이란 무엇에 대한 응답인가요? **말씀**에 대한 응답입니다. 하나님의 말씀에 대한 응답입니다. 하나님의 말씀을 듣고 응답할 수 있는 존재, 하나님의 말씀을 듣고 응답해야 하는 존재, 그것이 바로 인간입니다. 하나님의 말씀에 응답할 수

주현

있는 능력을 선물받고Gabe, 하나님의 말씀에 응답해야 하는 과제를 부여받은Aufgabe 존재, 그것이 바로 인간입니다. **영혼을 가진 인간입니다.**

그래서 인간은 떱니다. 영혼을 가진 인간은 떱니다. 하나님의 말씀에 떱니다. 하나님의 말씀에 떠는 존재, 그것이 바로 인간입니다. 참인간입니다. 심령이 가난한 자, 마음이 가난한 자입니다. 예수께서 말씀하시는 마음이 가난한 자란 바로 이런 사람을 말합니다. 떠는 사람, 하나님의 말씀에 떠는 사람을 말합니다. 예언자 이사야를 통해 하나님은 말씀하십니다.

> 나 여호와가 말하노라.……무릇 마음이 가난하고 심령에 통회하며 내 말을 듣고 떠는 자 그 사람은 내가 돌보려니와.사66:2

하나님의 말씀에 떨리십니까? 그렇다면 우리는 복된 사람입니다. 예수께서 "복되어라!" 말씀하신, 축복하신 그 마음이 가난한 사람입니다. 마음이 가난한 사람이 왜 복된 사람입니까? 그는 듣게 되기 때문입니다. 말씀을 듣게 되기 때문입니다. **은혜의 말씀**을 듣게 되기 때문입니다. 말씀을 듣고 떠는 사람에게 주시는, 오직 그런 이들에게만 주시는, 오직 그런 이들에게만 들리는 용서의 말씀, 위로의 말씀, 희망의 말씀, 약속의 말씀, 은혜의 말씀을 듣게 되기 때문입니다.

이 말씀을 듣고 계십니까? 그렇다면 빛날 것입니다. 여러분의 얼굴은, 우리의 얼굴은 빛날 것입니다. **은혜 받아** 빛날 것입니다. 죄인을 용서하여 주시고, 제자 삼아 주시는, 하나님의 아들

삼아 주시는, 하나님의 딸 삼아 주시는, 그 놀라운 은혜, 은혜를 받아 빛날 것입니다.

이 빛나는 얼굴, 은혜 받아 빛나는 얼굴. 이 얼굴이 진짜 우리 얼굴입니다. 우리가 찾아야 할 진짜 우리 얼굴입니다.

주현

오직 예수만 보이더라

오늘은 주현절 후 아홉째 주일입니다. 기억하십니까? 주현절은 '주현' 곧 **주님의 현현**을 기뻐하고 노래하는 절기였습니다. 세상에 빛으로 오신 주님께서 요단강에 자신의 몸을 담가 세례받으시고, 그렇게 자신을 세상에 나타내신 것, 세상을 위한 공생애를 시작하신 것을 기억하는 절기입니다.

이번 주 수요일부터는 사순절이 시작됩니다. 사순절이 시작되는 수요일은 '재의 수요일'이라고 불립니다. 재의 수요일에 많은 교회들은 그리스도교의 오랜 전통을 따라 특별한 예를 행합니다. 기도하러 모인 성도 한 사람 한 사람의 머리에 재를 뿌리거나, 이마에 재로 십자가 모양을 그려 주며 예배 집례자가 이런 말씀을 들려줍니다.

너는 흙이니 흙으로 돌아갈 것이니라.

창세기 3:19의 말씀이지요. 하나님의 말씀입니다. 아담을 향해 하시는 하나님의 말씀, 죄인 된 인간을 향해 하시는 하나님의 말씀입니다.

이 말씀을 듣는 존재가, 이 말씀을 듣고 떠는 존재가 바로 사람입니다. 그리스도께서 구원하러 오신 사람입니다.

이 '재의 수요일'로부터 시작해 주일들을 뺀 40일간이 바로 사순절이고, 이 사순절 40일이 지난 후, 마침내 우리는 하늘의 기쁨을 노래하는 부활절을 맞이하게 됩니다. 주일들을 빼는 이유는 모든 주일은 다 **작은 부활절**little Easter이기 때문입니다. 그러므로 뜻하는 바가 있어 사순절 기간에 나름의 방법으로 그리스도의 고난에 동참하는 분들도 주일에 교회에 올 때는 "머리에 기름을 바르고"마 6:17 환한 얼굴로 나오셔야 합니다.

주현절 후 아홉째 주일이 되는 오늘은 사순절이 시작되기 전 마지막 주일로서 '변모 주일'입니다. '산상 변모 주일'이라고도 불리는 오늘은, 예수께서 어느 산 위에서 그 모습이 신비스럽게 변모되신 것을 기억하는 날입니다. 오늘 복음서 말씀은 이렇게 시작합니다.

> 엿새 후에 예수께서 베드로와 야고보와 그 형제 요한을 데리시고 따로 높은 산에 올라가셨더니.마 17:1

"엿새 후에." 무엇으로부터 엿새 후였던 것인가요? 엿새 전에 무슨 일이 있었나요? 베드로가 예수님을 "그리스도시요 살아 계신 하나님의 아들"마 16:16로 고백하는 일이 있었습니다. 하늘에 계신 아버지 하나님의 계시를 받아 터져 나온 고백이었습니다. 이 고백을 들으신 예수께서 말씀하셨습니다.

너는 베드로라. 내가 이 반석 위에 내 교회를 세우리니.18절

이 말씀을 근거로 가톨릭 교회는 베드로를 그리스도 교회의
초대 교황이었다고 주장합니다. 그런데 연이어 예수께서 십자
가의 길을 말씀하시자, 그때 그 초대 교황이라는 베드로가 무슨
반응을 보였는지 기억하십니까? 성서는 말씀합니다.

베드로가 예수를 붙들고 항변하여 이르되 주여, 그리 마옵소서.
이 일이 결코 주께 미치지 아니하리이다.22절

십자가의 길을 가신다니, 안될 말씀이라는 소리지요. 그리
스도는 영광의 길, 성공의 길, 승리의 길을 가야지, 패배의 길, 고
난의 길, 십자가의 길을 갈 수 없다는 소리였습니다. 이런 소리
하다가, 우리가 잘 알듯이, 베드로는 예수님께 아주 크게 혼쭐났
지요.15-28절

베드로가 예수를 "붙들고"라고 할 때 그 말을 직역하면, '따
로 한쪽으로 데리고 갔다'는 뜻입니다. 그런데 그 엿새 후의 일
인 오늘 복음서 말씀의 장면은 어떻습니까? 이번에는 **예수께서**
베드로와 다른 두 제자를 **데리시고** 따로 높은 산에 올라가셨습
니다.

그 산에서 어떤 일이 있었나요? 예수께서 제자들을 데리고
올라가신 그 산, 하늘과 땅이 만나는 그 높은 산에서 무슨 일이
있었나요?

엿새 후에 예수께서 베드로와 야고보와 그 형제 요한을 데리시고 따로 높은 산에 올라가셨더니 그들 앞에서 변형되사 그 얼굴이 해 같이 빛나며 옷이 빛과 같이 희어졌더라. 마 17:1-2

그 산에서 무슨 일이 있었나요? **변모**가 일어났습니다. 제자들 앞에서 예수님의 모습이 변화되는 일이 일어났습니다. 어떻게 변하였나요? 그 얼굴이, 예수님의 얼굴이 해같이 빛나게 되었습니다. 또 예수께서 입고 계신 옷이 빛과 같이 희어졌습니다.

신기한 일이지요. 그러나 주현절 기간 동안, 이 빛의 축제 기간 동안, 성서가 말씀하는 빛의 영성적 의미를 묵상해 온 우리는 이 일을 그저 **신기한** 일이 아니라 **신비한** 일로 느낍니다. 신비한 일, 신비의 일, 그 뜻을 이루 다 헤아려 알 수 없는 일, 그리고 이 세상 모든 뜻있는 일들의 참뜻, 그 **뜻의 뜻**을 밝혀 주는 일로 느껴집니다.

그 얼굴이 해같이 빛나며 옷이 빛과 같이 희어졌더라.

해처럼 빛을 발하시는 예수 그리스도. 제자들이 보니 예수께서 모세와 엘리야와 더불어 이야기를 나누고 계셨습니다. 구약을 대표하는 "모세와 엘리야"와 말씀을 나누고 계셨습니다. 이때 우리의 베드로가 또 나섭니다. 십자가의 길을 말씀하시는 중인 예수님을 한쪽으로 데리고 가 "예수님, 그건 안될 말씀입니다" 했다가 "사탄아, 물러가라"하는 말씀을 들었던 베드로. 또 나서서 예수님의 말씀에 끼어들고는 말합니다.

주여, 우리가 여기 있는 것이 좋사오니 만일 주께서 원하시면 내
가 여기서 초막 셋을 짓되 하나는 주님을 위하여, 하나는 모세를
위하여, 하나는 엘리야를 위하여 하리이다.4절

베드로, 참 말하기 좋아합니다. 참 일 벌이기 좋아합니다. 그
런데 하는 말마다, 벌이려는 일마다 예수님께 혼날 말, 예수님께
혼날 일입니다.

베드로의 말, 베드로가 벌이려는 일은 무엇인가요? 초막
을 짓겠다는 것이지요. 뭔가 짓겠다는 것입니다. 뭔가 세우겠다
build는 것입니다. 뭔가 'build'해서, 뭔가 건설하고 구축하고 조
직해서, 그 안에 예수님을 잘 모시겠다는 것입니다. 자기는 그
영광스러운 'building', 'system'을 지키는 영광스런 문지기가 되
고 싶다는 뜻이었겠지요?

그런데 어떤 일이 벌어집니까? 재미있는 일이 벌어집니다.
두 번이나 예수님의 말씀에 끼어들었던 베드로, 그 초대 교황의
말을 이번에는 하나님이 나서서 중간에서 끊어 버리십니다.

베드로가 말할 때에, 베드로가 아직 말을 하고 있는데 "홀연
히" 한 음성이 들려옵니다.

빛난 구름이 그들을 덮으며 구름 속에서 소리가 나서 이르시되 이
는 내 사랑하는 아들이요 내 기뻐하는 자니 너희는 그의 말을 들
으라 하시는지라.5절

"너희는 그의 말을 들으라!" "**Listen! Listen to Him!**"

베드로는 말문이 막혔습니다. 구름 속에서 나는 소리를 듣자, **하나님의 임재** 구름 속에서 들려오는 소리를 듣자, 하나님의 임재 가운데 들어가자 말문이 막혔습니다. 말문이 막히고 무릎이 꿇어졌습니다. 바닥에 엎드렸습니다. 바닥에 손을 짚고 엎드립니다. 쓰려던 손, 뭔가 해보려던 그 손을 바닥에 붙이고 땅바닥에 붙이고 엎드렸습니다.

제자들이 듣고 엎드려 심히 두려워하니.6절

왜 두려웠던 것일까요? 왜 엎드렸던 것일까요? "엎드렸다"는 말을 직역하면 '땅바닥에 얼굴을 대었다'입니다. 왜 얼굴을 땅바닥에 댔을까요? 왜 얼굴을 들 수 없었을까요?

들 수 있는 얼굴이 없었기 때문입니다. 들어 하나님을 뵐 수 있는, 하나님의 얼굴을 뵐 수 있는 얼굴이 없었기 때문입니다! 빛나는 얼굴이 없었기 때문입니다. 하나님의 아들의 얼굴 같은, 하늘의 빛이 빛나는, 내면의 빛이 비치는 얼굴이 없었기 때문입니다!

하나님 앞에 서면 인간은 알게 됩니다. 참하나님, 내가 만들어 낸 우상이 아니라 나를 창조하신 하나님, 살아 계신 하나님 앞에 서면 인간은 누구나 알게 됩니다. 내게는 하나님을 뵐 수 있는 얼굴이 없다는 것을 알게 됩니다. 내게는 감히 고개 들어 하나님을 얼굴 대 얼굴로 만나 뵐 수 있는 얼굴이 없다는 것을 알게 됩니다.

주현

그렇기에 사람은 엎드립니다. 하나님 앞에 서는 사람은 엎드립니다. 땅바닥에 엎드립니다. 흙바닥에 엎드립니다. 흙바닥에 엎드리며 떠올립니다. 하나님의 말씀을 떠올립니다.

너는 흙이니 흙으로 돌아갈 것이니라.

인간을 향해 하시는 하나님의 말씀, 죄인 된 인간을 향해 하시는 하나님의 말씀, 그 말씀을 떠올립니다. 그 말씀을 기억합니다.

그 말씀을 기억하며 두려워합니다. 하나님을 두려워합니다. 하늘을 두려워합니다. 하나님을 경외합니다. 경외하며 엎드립니다. 예배합니다. 엎드려 경배합니다.

엎드려 경배하는 이에게 들리는 음성이 있지요. 엎드려 경배하는 이에게만 들리는 음성이 있습니다. 무엇인가요? 무엇이었나요? 엎드려 경배하는 이에게 들리는 그 음성, 무엇이었나요?

내가……그의 발 앞에 엎드러져 죽은 자같이 되매 그가 오른손을 내게 얹고 이르시되 두려워하지 말라. 나는 처음이요 마지막이니 곧 살아 있는 자라. 내가 전에 죽었었노라. [그러나] 볼지어다. 이제 세세토록 살아 있어 사망과 음부의 열쇠를 가졌노라. 계 1:17-18

여러분은 모두 이 음성을 들으셨습니다. 참으로 하나님을 예배하러 나온 여러분은 모두 들었습니다. 듣고 '아멘' 했습니다.

'아멘' 하고 일어났습니다. 일어나 찬양했습니다. 생명의 주님을 찬양했습니다.

어떻게 그런 용기를 낼 수 있으셨나요? 어떻게 그런 담대한 용기를 낼 수 있으셨나요?

느꼈기 때문이지요. **주님의 손**을 느꼈기 때문입니다. 내 어깨를 만져 주시는, 내 등을 어루만져 주시는 주님의 오른손을 느꼈기 때문입니다.

그가 오른손을 내게 얹고 이르시되 두려워하지 말라.

그래서였습니다. 베드로가 일어날 수 있었던 것도, 주님이 친히 산으로 데리고 올라가신 그 제자들이 일어날 수 있었던 것도 그래서였습니다.

주님이 만져 주셨기 때문입니다. 주님이 손으로 만져 주셨기 때문입니다. 주님이 가까이 다가오셔서 친히 손을 대touch 주셨기 때문입니다. 친히 손을 대시며 말씀해 주셨기 때문입니다.

일어나라. 두려워하지 말라. 마 17:7

이 음성이 들리십니까? 두려워하는 이들에게, 두려워할 줄 아는 이들에게, 하늘을 두려워할 줄 아는 이들에게 주님이 다가오셔서, 그 손으로, 그 못 자국 난 손으로, 그 부활의 손으로 나를 만지시며 들려주시는 이 음성이 들리십니까?

들리신다면, 보일 것입니다. 예수가 보일 것입니다. 아니, 오

직 예수만 보일 것입니다. 이제 오직 예수만 보일 것입니다. 세상
과 나는 간 곳 없고, 오직 오직 구속한 주만 보일 것입니다.

이것이 우리의 간증이요, 우리의 찬송입니다.

평상

어떻게 하면
산을 움직일 수 있을까요?

왜 나를 선하다고 하느냐?

사람들이 예수께서 만져 주심을 바라고 어린아이들을 데리고 오매 제자들이 꾸짖거늘 예수께서 보시고 노하시어 이르시되 어린아이들이 내게 오는 것을 용납하고 금하지 말라. 하나님의 나라가 이런 자의 것이니라. 내가 진실로 너희에게 이르노니 누구든지 하나님의 나라를 어린아이와 같이 받들지 않는 자는 결단코 그곳에 들어가지 못하리라 하시고 그 어린아이들을 안고 그들 위에 안수하시고 축복하시니라. 예수께서 길에 나가실새 한 사람이 달려와서 꿇어앉아 묻자오되 선한 선생님이여, 내가 무엇을 하여야 영생을 얻으리이까. 예수께서 이르시되 네가 어찌하여 나를 선하다 일컫느냐. 하나님 한 분 외에는 선한 이가 없느니라. 네가 계명을 아나니 살인하지 말라, 간음하지 말라, 도둑질하지 말라, 거짓 증언하지 말라, 속여 빼앗지 말라, 네 부모를 공경하라 하였느니라. 그가 여짜오되 선생님이여, 이것은 내가 어려서부터 다 지켰나이다. 예수께서 그를 보시고 사랑하사 이르시되 네게 아직도 한 가지 부족한 것이 있으니 가서 네게 있는 것을 다 팔아 가난한 자들에게 주라. 그리하면 하늘에서 보화가 네게 있으리라. 그리고 와서 나를 따르라 하시니 그 사람은 재물이 많은 고로 이 말씀으로 인하여 슬픈 기색을 띠고 근심하며 가니라. ^{막 10:13-22}

아마 엄마들이 자기 아이들을 데리고 온 것 같습니다. 그들이 자기 아이들을 데리고 온 것은 예수님이 한번 어루만져 주셨으면, 쓰다듬어 주셨으면 해서였습니다. 그런데 예수님의 제자들이 그들을 꾸짖습니다. 여기가 어딘데 어린아이들을 데리고 오냐는 것이었습니다. "애들은 가라!"는 것이었습니다.

"애들은 가라!" 지금 예수께서 **하나님 나라**에 대해, 하나님 나라라고 하는 심각한 주제에 대해 말씀하고 계신데, 어디 애들을 데리고 와서 선생님의 말씀을 방해하느냐는 것이었습니다.

그러자 예수님이 그 제자들을 꾸짖으십니다. 꾸짖으면서 말씀하십니다.

하나님 나라는 바로 이런 이들의 것이다. 바로 이런 어린아이 같은 이들의 것이다.

다시 말하면, 하나님 나라 정문 앞에는 이런 푯말이 세워져 있다는 것입니다.

어른은 가라!

이것은 참 이해 못할 말씀이었습니다. 아니, 도대체 어떻게 하나님 나라가 어린아이 같은 이들의 것이란 말입니까? 아이들이 무얼 아나요? 아이들이 무얼 할 수 있습니까? 예수님의 제자들이 보기에는, 그 어른들이 보기에는 아이들이란 도무지 하나님 나라에 들어갈 자격이 없는 존재들입니다. 생각해 보십시오. 아이들에게 무슨 '행함'이 있나요? 하나님 나라에 들어갈 만한 공로를 쌓았나요? 아무 공로 없습니다. 그렇다고 '믿음'이 있나요? 그렇지 않지요. 무얼 알아야 믿지요. 성경을 알아야 믿지요. 또 '신성'이니 '인성'이니 하는 어려운 철학적, 신학적인 개념을 알아야 예수님에게 신성과 인성이 있다는 신앙고백을 하지요.

그런데 예수님 말씀은 참 이상합니다. 하나님 나라가 바로 그런 이들의 것, 어른들 보기에 그렇게 행함도 없고 믿음도 없어서, 하나님 나라에 들어갈 자격이 없는 이들의 것이라고 말씀하십니다.

제자들은 놀랐을 것입니다. 자기들이 생각하는 하나님 나라와 예수님이 가르치시는 하나님 나라가 참 다르다는 것을 다시 한번 깨달았을 것입니다. 어른 같은 이들은 들어가지 못하고, 어린아이 같은 이들만이 들어가는 나라, 그 나라는 대체 어떤 나라일까? '세상' 나라와는 참 다르다는 것을 알았을 것입니다.

세상 나라는 어떻습니까? **어른들**의 세상이지요. **힘있는** 어른들의 세상입니다. 정치 권력을 가진 왕들, 헤롯, 가이사, 빌라도의 세상. 종교 권력을 가진 제사장들, 가야바의 세상. 경제 권력을 가진 부자들의 세상. 지적 권력을 가진 지식인들, 서기관들, 사두개인들의 세상. 도덕 권력을 가진 도덕가들, 바리새인들의 세상입니다.

그런데 **하나님** 나라는 **세상** 나라와 완전히 반대입니다. 거기는 힘있는 어른들의 세상이 아니라, 힘없는 어린아이들의 세상입니다. 어린아이 같은 이들, 권력 없는 작은 자들, 소자小子들이 들어가 뛰노는 세상입니다.

하나님 나라를 **하나님** 나라라고 하는 이유는 바로 이처럼 **세상** 나라와는 완전히 딴판이기 때문이지요. 그래서 늘 하나님 나라에는 세상의 권력자들로부터 배척받고 무시당하는 이들이 찾아 들어옵니다. 이 땅에 하나님 나라를 가져오신 예수님을 찾아온 사람들은 어떤 이들이었습니까? 바로 세상에서 제대로 사람 대접 받지 못했던 이들, 죄인으로 낙인찍힌 이들, 가난하고 힘없고 못 배운 이들이었습니다. 예수님은 그렇게 세상이 박대하는 이들을 다 받아들이고 그들을 환대하시면서, 하나님 나라를 선포하셨습니다.

> 보라. **하나님** 나라가 **여기** 있다!
> 죄인이 용서 받으며,
> 가난하고 힘없고 못 배운 이들이 그리스도 안에서
> 참된 부와 참된 능력과 참된 지식을 발견하는 세상,
> 그래서 성령 안에서 의와 평화와 기쁨을 누리는 세상, 롬14:17
> 율법이 가져다주지 못한 **의**,
> 로마의 황제가 가져다주지 못한 **평화**,
> 그 어떤 부도, 돈도 가져다주지 못한 **기쁨**을 누리는 세상,
> 하나님 나라가 여기 있다!

예수께서 이 땅에 오셔서 선포하신 메시지 전부를 한 문장

으로 요약하면 바로 이것입니다. "**하나님 나라가 여기 있다!**" "하나님 나라가 여기 있다. 이 안으로 들어오라!"는 것입니다.

그 나라에 어떻게 들어갈 수 있습니까? 그 길을 예수님이 가르쳐 주셨습니다. 바로 **회개**의 길입니다. 회개가 무엇입니까? 회개란 **돌이키는** 것입니다. 돌이켜, 하나님의 어린아이가 되는 것입니다. 하나님의 어린아이, '하나님 아빠'의 품속에서 사는 어린아이가 되는 것입니다.

여러분, 여러분은 예수를 누구라 고백하십니까? 성서는 예수님을 하나님의 어린아이라고 말씀합니다.

> 일찍이, 하나님을 본 사람은 아무도 없다. 아버지의 품속에 계신 외아들이신 하나님께서 하나님을 알려 주셨다. 요 1:18, 새번역

어떤 학자들은, 또 많은 성자들은 이 말씀을 예수님이 이 땅에 계실 때에도 여전히 하나님의 품속에 계셨다는 말씀으로 이해합니다. 예수님은 이 땅에 계실 때에도 여전히 하나님 아버지, 성부 하나님의 품속에 계시는 성자이셨습니다. 하나님을 '아빠!'로 부르셨던, 하나님의 어린아이셨습니다. 복음서를 펼쳐 보면, 거기에는 예수님을 하나님의 어린아이로 볼 때 비로소 이해가 되기 시작하는 말씀들로 가득합니다. 가령 예수님이 하신 이 말씀을 한번 생각해 보십시오.

> 공중의 새를 보아라. 씨를 뿌리지도 않고, 거두지도 않고, 곳간에 모아들이지도 않으나, 하늘 아버지께서 그것들을 먹이신다. 너희

는 새보다 귀하지 아니하냐?……들의 백합화가 어떻게 자라는가 살펴보아라. 수고도 하지 않고, 길쌈도 하지 않는다. 그러나 내가 너희에게 말한다. 온갖 영화로 차려 입은 솔로몬도 이 꽃 하나와 같이 잘 입지는 못하였다. 오늘 있다가 내일 아궁이에 들어갈 들풀도 하나님께서 이와 같이 입히시거든, 하물며 너희들을 입히시지 않겠느냐? 믿음이 적은 사람들아!……그러므로 무엇을 먹을까, 무엇을 마실까, 무엇을 입을까, 하고 걱정하지 말아라. 마 6:26-31, 새번역

어떻습니까? 참 어린아이와 같은 논리이며 말씀이지 않습니까? 자신을 어른이라고 생각하는 사람들에게는 잘 이해가 되지 않는 말씀입니다.

하나님의 어린아이 예수님의 말씀 중에는 또 이런 말씀이 있습니다.

아버지께서는, 악한 사람에게나 선한 사람에게나 똑같이 해를 떠오르게 하시고, 의로운 사람에게나 불의한 사람에게나 똑같이 비를 내려 주신다. 마 5:45, 새번역

하늘이 악한 사람에게나 선한 사람에게나 똑같이 햇볕을 비추어 주고, 하늘이 의로운 사람에게나 불의한 사람에게나 똑같이 비를 내려 주는 것처럼, 하늘 아버지가 그런 분이라는 말씀입니다. 어린아이와 같은 관찰, 어린아이와 같은 해석, 어린아이와 같은 믿음입니다. 예수님은 하나님 나라를 어린아이처럼 받아

들인 하나님의 어린아이셨습니다. 어린아이처럼 '아빠'를 향한, '아빠 하나님'을 향한 절대 신뢰가 그 생의, 그 존재의 중심, 절대 중심이었던 분이셨습니다.

이 예수께서 앞선 첫 번째 본문 말씀에서 어린아이들을 품어 주고 계십니다. 어른들의 세상, 헤롯과 가야바와 서기관들과 제사장들과 바리새인들의 세상에서는 잘 보이지도 않는 이들을 품어 주시고, 그 아이들을 하나님 나라 한가운데에 세우시고는, 축복하며 말씀하셨습니다.

하나님 나라는 바로 이런 이들의 것이다!

그런데 다음의 두 번째 본문 말씀은 우리에게, 앞서 예수께서 품으시고 축복하여 주신 그 어린아이들과는 사뭇 다른 한 사람을 보여줍니다.

그 사람은 어른이었습니다. 그래서 그는 그 어린아이들과 달리 제 발로 예수님을 찾아왔습니다. 하지만 그는 결국 제 발로 예수님을 떠나가 버리고 맙니다. 그는 예수님 품에 안기지 않았습니다.

그가 예수님께 온 것은 질문을 하려는 것이었습니다. 그가 와서 던진 질문은 이것이었습니다.

선하신 선생님, 내가 영원한 생명을 얻으려면 무엇을 해야 합니까? 막 10:17, 새번역 참 종교적인 질문입니다. 어른들이 묻고 토론하기 좋아하는 참 신학적인 질문입니다. "내가 무엇을 하여야 영생을 얻으리이까?"

이 어른은 가진 것이 많은 **부자**입니다. 자기 소유가 아무것도 없는 어린아이들과는 달리, 이 어른은 가진 것이 참 많습니다. 우선 돈이 많았습니다. 성서는 말씀합니다. "그에게는 재산이 많았기 때문이다."22절, 새번역

물질적으로도 부자였지만, 그는 또 종교적으로 부자였습니다. 그가 예수님께 하는 말을 들어 볼까요?

선생님, 나는 이 모든 것을 어려서부터 다 지켰습니다.20절, 새번역

무슨 말입니까? 하나님이 주신 계명, "살인하지 말라, 간음하지 말라, 도둑질하지 말라, 거짓 증언 하지 말라, 속여 빼앗지 말라, 네 부모를 공경하라" 같은 하나님이 주신 계명과 율법을 어려서부터 다 지켰다는 말입니다. 율법의 의로는 그는 칭찬받을 만한 사람이었습니다. 물론 완벽한 사람은 아니었겠지만, 분명 지역 사회에서, 지역 회당에서 '훌륭한 분', '훌륭한 신앙인'으로 통하는 사람이었을 것입니다.

그는 이렇게 **부자**였습니다. 쌓아 놓은 돈도 많았고, 쌓아 놓은 공적도 많았습니다. 그런데 본문 말씀을 보면 마지막에 결국 그는 예수님을 떠나고 맙니다. 흥분 가운데 예수님을 찾아왔지만, 결국 근심 가운데 예수님을 떠나고 맙니다. 왜 그렇게 되었습니까? 성서는 말씀합니다. "부자였기 때문이다."

그러나 그는 이 말씀 때문에, 울상을 짓고, 근심하면서 떠나갔다. 그에게는 재산이 많았기 때문이다. 22절, 새번역

예수께서 그에게 어떤 말씀을 주셨기에 그가 그렇게 예수님을 떠나 버린 것입니까? 율법을 다 잘 지켰다는 그에게 예수님이 이렇게 말씀하셨습니다.

너에게는 한 가지 부족한 것이 있다. 가서, 네가 가진 것을 다 팔아서, 가난한 사람들에게 주어라. 그리하면, 네가 하늘에서 보화를 차지하게 될 것이다. 그리고, 와서, 나를 따라라. 21절, 새번역

이 말씀을 그는 받아들일 수 없었습니다. 자기 소유인 재산을 다 팔아 가난한 자들에게 주라는 말씀은 부자인 그로서는 참으로 받아들이기 어려운 말씀이었습니다.

그런데 본문 말씀을 보면, 그 부자가 받아들이기 힘들어하는 이 말씀을 주시기 전에, 먼저 예수님은 그 부자에게 그가 이해하기 힘들어할 말씀을 하나 주셨습니다. 무슨 말씀이었습니까? 그 부자는 소문을 듣고 예수님께 왔습니다. 예수라는 참 좋은 랍비가 나타났다는 소문을 들은 그는, 평소 종교적인 문제에 관심이 많은 사람답게 즉시 예수님께 달려옵니다. 달려와서는 존경의 표시로 무릎을 꿇고 묻습니다. "선하신 선생님, 내가 영원한 생명을 얻으려면 무엇을 해야 합니까?" 17절, 새번역

그런데 이 질문에 예수께서 대답하시기 전에 먼저 한 말씀을 주셨는데, 좀처럼 이해하기 어려운 말씀이었습니다. 무슨 말

쓰임이었습니까?

> 예수께서 그에게 말씀하셨다. "어찌하여 너는 나를 선하다고 하느
> 냐? 하나님 한 분 밖에는 선한 분이 없다." 18절. 새번역

이해하기 쉽지 않은 말씀입니다. 오해하기 쉬운 말씀입니
다. "어찌하여 나를 선하다 하느냐? 선한 이는 오직 하나님 한
분뿐이시다." 겸손의 표현이었던 것일까요? 네, 그 이상이었습
니다.

이 말씀은 단순히 예수님의 겸손의 표현이었던 것이 아니
라, 예수님 **존재**의 표현이었다고 저는 믿습니다. 예수님 **존재의
신비**가 표현된 말이었다고 믿습니다.

예수님 존재의 신비가 무엇입니까? **성자**이지요. 예수님은
성자이십니다. 성부 하나님의 아들 성자이십니다. 성자란 어떤
존재인가요? 성자는 **거울** 같은 존재입니다. 성부를 비춰 주는
거울 같은 존재이십니다. 성부의 영광과 선과 빛을 그대로 비춰
주는 거울, 그것이 바로 성자이십니다.

거울은 반사하는 존재이지요. 성자는 성부의 영광과 선과
빛을 받아 반사하는 분이십니다. 그렇기에 성자는 그 어떤 영광
과 선과 빛도 자신의 것으로 여기지 않습니다. 그 어떤 영광과
선과 빛도 자신의 것으로 여기지 않고, 그것을 다만 성부께서 주
시는 선물로 여깁니다. 그렇게 성부께 영광을 돌립니다. "어찌
하여 나를 선하다 하느냐? 선한 이는 오직 하나님 한 분뿐이시
다." 이는 그러한 성자의 존재의 신비가 표현된 말씀이었습니

다. 예수님의 영혼 깊은 곳에서 거의 반사적으로 나온 것 같은 이 말씀, "어찌하여 너는 나를 선하다고 하느냐? 하나님 한 분 밖에는 선한 분이 없다." 이 말씀은 오직 **성자**만이 하실 수 있는 말씀입니다. 오직 성부의 품 안에 계시는 성자만이 진정으로 하실 수 있는 말씀입니다.

성자는 이 세상 모든 선의 원천, 무궁한 선의 원천이신 성부께 전적으로 사로잡힌 분이셨습니다. 그분의 그 선하심에 전적으로 사로잡혀 사는 분이셨습니다. 하나님의 아들 예수 그리스도께서는 그 어떤 선도 자신의 것으로 여기지 않고, 오직 성부께서 자신에게 주시는 **선물**로 여기고, 그것을 다시 성부께 돌려 드리는, 성부께 영광을 돌리는 그런 분이셨습니다.

그러나 그 부자를 보십시오. 그 부자가 했던 질문을 잘 들어 보십시오. 그 부자가 예수님을 찾아와 던진 질문은 "내가 무엇을 해야 영생을 얻을 수 있겠습니까?"라는 것이었습니다. 다시 말하면, "내가 무슨 **선한** 일을 더 하면 영생을 얻을 수 있겠습니까?"라는 질문이었습니다.

어떻습니까? "왜 나를 선하다고 하느냐? 오직 하나님만이 홀로 선하시다"고 말씀하시는 예수님과, "내가 무슨 선한 일을 더 하면 영생을 얻을 수 있을까?"를 생각하는 그 부자는, 서로 전혀 다른 세계에 살고 있는 것 같지 않습니까?

예수님의 세계에서 하나님은 태양이십니다. 하늘 높이 떠 있는 태양이신 하나님은, 하늘에서 그 찬란한 빛을 이 땅에 비추어 주고 계십니다. 그 무궁한 빛을 폭포수처럼 이 땅에 쏟아부어 주고 계십니다. 마태복음 5:45에서 예수님이 말씀하시듯, 예수님에게 하나님은 "악한 사람에게나 선한 사람에게나 똑같이 해를 떠오르게 하시고, 의로운 사람에게나 불의한 사람에게나 똑같이 비를 내려"새번역 주시는 **아버지** 하나님이십니다.

그런데 그 부자의 세계는 어떻습니까? 그 부자의 세계에서 하나님은 아주 인색한 분입니다. 영생이라는 좋은 것을 웬만해서는 사람들에게 나누시려고 하지 않는 분입니다. 그래서 그 부자는 그 영생을 **사려고** 합니다. 자신이 잘 아는 상업 세계에서처럼 **대가**를 지불하고서 사려고 합니다. **선한 일**이라는 대가를 지불하고서, 공로를 쌓아서 영생을 사려고 합니다.

여러분, 그 부자는 하나님에 대해 오해하고 있습니다. 그 부자는 영생에 대해 오해하고 있습니다. 크게 오해하고 있습니다. 그가 예수님께 던진 그 질문은, 한마디로 말해 **틀린** 질문이었습니다. 영생이란 우리가 복음에서 배우는 바, 우리가 무슨 선한 일을 해서 얻는 것이 아닙니다. 영생이 무엇입니까? 요한복음 17:3은 말씀합니다.

영생은 곧 유일하신 참 하나님과 그가 보내신 자 예수 그리스도를 아는 것이니이다.

그런데 하나님을 **안다**는 것이 무엇일까요? 머리로 아는 것이 아니라 **맛보아** 아는 것입니다. 무엇을 맛보아 아는 것입니까? 하나님의 **선하심**을 맛보아 아는 것입니다.

하나님의 선하심을 맛보아 아는 것, 그것이 영생입니다. 영생이란 우리가 무슨 선한 일을 해서 그 **대가**로 얻는 것이 아닙니다. 영생이란 우리가 선한 사람이 되어서 얻을 **자격**을 얻는 것이 아닙니다. 영생은 **인간의 선**과 아무 상관이 없습니다! 영생은 **하나님의 선**에 사로잡히는 것입니다. "악한 사람에게나 선한 사람에게나 똑같이 해를 떠오르게 하시고, 의로운 사람에게나 불의한 사람에게나 똑같이 비를 내려 주시는" 하나님 아버지의 무궁하신 선, 그 한량없는 선, 그 **한량없는 은혜**에 **사로잡히는** 것입니다. 사로잡혀서는, 내 영혼의 시선을 거기에, 오직 거기에만 두는 것입니다. 성자 예수 그리스도처럼, "왜 사람에 대해, 왜 사람이 하는 일에 선하다는 말을 쓰느냐. 오직 하나님 한 분만이 선하시지 않느냐" 말하며, 인간의 선을 초월하는 하나님의 그 무궁하신 선을 신뢰하고, 오직 거기에만 희망을 거는 것입니다.

여러분, 성도란 선한 사람이 아니라, 하나님의 선하심을 맛보아 아는 사람입니다.

그리스도의 불꽃같은 눈은 그 부자의 영혼의 폐부를 꿰뚫어 보았습니다. 그리고 말씀을 주셨습니다.

> 너에게는 한 가지 부족한 것이 있다. 가서, 네가 가진 것을 다 팔아서, 가난한 사람들에게 주어라.……그리고, 와서, 나를 따라라. 21절.
> 새번역

여러분, 이 말씀은 율법의 말씀이 아닙니다. 어떤 율법도 자기 재산을 전부를 팔아 가난한 자들에게 나누어 주라고 말씀하고 있지 않습니다. 이 말씀은 **복음**의 말씀입니다. 그의 영혼을 구원하는 **구원**의 말씀입니다.

그 부자는 하나님 나라를 알지 못합니다. 그가 아는 세계란, 보이는 세계에서는 돈이 지배하는 것이 전부이고, 보이지 않는 세계에서는 율법이 지배하는 것이 전부입니다. 그래서 그는 재물을 그렇게 악착같이 쌓아 온 것입니다. 그래서 그는 공로를 그렇게 착실히 쌓아 온 것입니다. 그 부자는 사랑의 세계를 알지 못합니다. 조건 없는 사랑의 세계, 무한한 은총의 세계, 한량없는 은혜의 세계를 알지 못합니다. 그래서 그는 늘 근심Angst에 사로잡혀 살아갑니다. 돈에 대한 근심, 내일에 대한 근심, 또 그렇게 영생에 대한 근심에 사로잡혀 살아갑니다.

그런 그를 그리스도께서 불꽃같은 눈으로 꿰뚫어 보셨습니다. 그런데 그리스도의 그 불꽃같은 눈은 다름 아닌 사랑의 눈이었습니다. 선하신 사랑의 눈이었습니다. 성서가 무엇이라고 말씀합니까? "예수께서 그를 **보시고**", "**사랑하사** 이르시되." 사랑하사 무엇이라고 이르셨습니까?

"**와서 나를 따르라**"고 하셨습니다.21절 와서 나를 따르라. 하나님 나라로 그를 초대하신 것입니다! 하나님의 선하심에 사로잡혀 사는 삶으로, "악한 사람에게나 선한 사람에게나 똑같이 해를 떠오르게 하시고, 의로운 사람에게나 불의한 사람에게나 똑같이 비를 내려 주시는" 하나님 아버지의 그 무한하신 은총, 그 한량없는 사랑, 그 무궁하신 선하심에 사로잡혀, 자신이 하는 어떤 선한good 일도 자신의 것으로 여기지 않고 오직 하나님께 영광을 돌리며, 자신에게 있는 그 어떤 좋은 것goods도 자신의 것으로 여기지 않고 이웃들에게 선물로 나누어 주는, 그런 하나님 나라의 삶으로 그를 초대하신 것입니다. 영생의 삶으로, 구원의 삶으로 그를 초대하신 것입니다.

본문 말씀에서 그 부자는 결국 그리스도의 초청을 거절하고 맙니다. 그는 결국 슬픔과 근심에 사로잡혀 예수를 떠나고 맙니다.

여러분, 우리는 매주 생명의 길을 찾아 교회에 나와 예수님 앞에 무릎을 꿇고 영생의 말씀을 청합니다. 하지만 예배를 마친 뒤 여전히 시무룩한 얼굴로 집으로 돌아가고 있다면, 자신을 한번 살펴보시기 바랍니다.

우리가 하나님 나라의 기쁨 속으로 들어가지 못하고 있는 것은, 어쩌면 주님께서 그 불꽃같은 사랑의 눈으로 나를 보시며 내게 말씀하시는 그 **한 가지**, 내게 '부족한 그 한 가지'에 대한 말씀을 듣고도, 주님의 말씀을 따르기를 거절하고 있기 때문은 아닐까요? 하나님을 신뢰하는 믿음의 모험을 감행하지 못하고 있기 때문은 아닐까요?

주님께서 세밀한 음성으로 우리 각자에게 말씀하시는, 우리에게 부족한 그 한 가지가 무엇입니까? 여러분, 그 부족한 한 가지가 실은 진실로 우리에게 '필요한 그 한 가지one thing necessary'눅 10:42 참조입니다.

필요한 한 가지

그들이 길 갈 때에 예수께서 한 마을에 들어가시매 마르다라 이름하는 한 여자가 자기 집으로 영접하더라. 그에게 마리아라 하는 동생이 있어 주의 발치에 앉아 그의 말씀을 듣더니 마르다는 준비하는 일이 많아 마음이 분주한지라. 예수께 나아가 이르되 주여, 내 동생이 나 혼자 일하게 두는 것을 생각하지 아니하시나이까. 그를 명하사 나를 도와주라 하소서. 주께서 대답하여 이르시되 마르다야, 마르다야, 네가 많은 일로 염려하고 근심하나 몇 가지만 하든지 혹은 한 가지만이라도 족하니라. 마리아는 이 좋은 편을 택하였으니 빼앗기지 아니하리라 하시니라. 눅 10:38-42

여러분, 사랑하면 어떻게 됩니까? 사랑하면 푹 빠지게 되지요. 복음서 말씀에는 푹 빠진 사람이 나옵니다. 예수님께 푹 빠진 사람이 나옵니다. 마리아입니다. 주님을 사랑했던 여인, 마리아입니다. 마리아는 앉아 있습니다. 가만 앉아 있습니다. 예수님의 발치에 가만 앉아 있습니다. 예수님의 발치에 가만 앉아 말씀을 듣고 있습니다. 예수님의 말씀을 가만히 들으며, 예수님의 얼굴을 가만히 바라보며, 예수님의 숨결을 가만히 느끼고 있습니다. **가만히** 주님을 사랑하고 있습니다.

이런 마리아를 두고 "왜 가만히 있느냐?"고 불평하는 여인이 본문 말씀에 등장합니다. 언니 마르다입니다. 지금 마르다는 몹시 분주합니다. 왜 분주한가요? 일하느라 그런 것이지요. 무슨 일이지요? 주님을 위하는 일입니다. 자기 집에 손님으로 모신 예수님을 대접하는 일을 하느라, 이리 뛰고 저리 뛰고 있습니다. 귀한 손님을 모시는 일, 해야 할 것들이 많은 일이지요. 이 일도 해야 하고, 저 일도 해야 하고, 손이 열 개라도 부족한 상황입니다. 그런데 보니, 동생 마리아는 아까부터 그저 가만히 앉아 있습니다. 예수님 발치에 가만 앉아서 예수님만 바라보고 있습니다. 자기는 이렇게 이리 뛰고 저리 뛰고 있고, 또 지지고 볶고 있는데, 마리아는 예수님 곁에 딱 달라붙어서 예수님께 푹 빠져 있습니다. 그런 마리아를 보는 언니 마르다의 심기는 어땠을까요? 불편했겠지요. 심기가 불편했을 것입니다. 마르다가 입을 엽니다. 예수님께 말합니다.

주여, 내 동생이 나 혼자 일하게 두는 것을 생각하지 아니하시나이까. 그를 명하사 나를 도와주라 하소서.40절

아마 마르다는 예수님이 자기 말을 들으시고 마리아에게 "그래, 마리아야, 언니 말이 옳다. 이제 가서 언니를 도와주거라" 하고 말씀하시면서 문제를 해결해 주실 것이라 기대했겠지요. 그러나 복음서에서 예수님은 인간들의 문제 해결사 일을 맡으

신 바가 없습니다. 지지고 볶는 인간사 문제의 해결사 일, 카운슬러 일을 맡으신 바가 없습니다.

그 대신 언제나 예수님은 뜻밖의 말씀을 주십니다. **뜻밖의 말씀.** 문제를 해결해 주는 말씀이 아니라 문제를 새롭게 보게 해주는 말씀, 문제의 이면을 보게 해주는 말씀, 문제의 심층을 보게 해주는 말씀, 내 **영혼**을 보게 해주는 말씀을 주십니다. 예수께서는 마르다에게 이렇게 대답하십니다.

> 마르다야, 마르다야, 너는 많은 일로 염려하며 들떠 있다. 그러나 필요한 일은 하나뿐이다. 마리아는 좋은 몫을 택하였다. 그러니 그는 그것을 빼앗기지 않을 것이다.41~42절, 새번역 참조

예수님의 이 말씀은 단지 그때 그 자리에 있던 마르다를 향해 하시는 말씀이 아닙니다. 성서의 이 말씀은 모든 시대 모든 곳의 **마르다들**을 향해 하시는 말씀, 아니 우리 모두의 내면 속에 있는 마르다를 향해 하시는 말씀입니다. 성서를 정말 성서로 읽는 이들은 그렇게 알아듣습니다. 나를 향한 하나님의 말씀으로 알아듣는 것이지요.

"마르다야, 마르다야, 너는 많은 일로 염려하고 있다." 어떻습니까? 예수님은 마르다의 영혼에 대해, 우리의 영혼에 대해 뭐라고 말씀하고 계신가요? 네, **염려하고 있다**고 말씀하고 계십니다. 왜 염려하고 있습니까? 많은 일들 때문이지요. 해야 할 많은 일들, 마쳐야 할 많은 일들 때문이지요. 그 많은 일들 때문에 염려하고 있습니다.

여러분, 우리가 많은 일로 염려할 때 일어나는 일이 있습니다. 바로 주님을 주님으로 대접해 드리지 못하는 것입니다. 마르다를 보십시오. 마르다가 예수님을 귀한 손님으로 대접하려 했을 수는 있지만, 주님으로 대접해 드리지는 못했습니다. 마르다가 예수님을 주님으로 대접해 드리지 못했다는 것을 우리는 마르다가 예수님에게 한 말에서 읽을 수 있습니다. 마르다가 예수님에게 뭐라고 말했나요?

주여, 내 동생이 나 혼자 일하게 두는 것을 생각하지 아니하시나이까. 그를 명하사 나를 도와주라 하소서.40절

"주님, 내 동생이 나 혼자 일하게 두는 것을 아무렇지 않게 생각하십니까? 가서 거들어 주라고 내 동생에게 말씀해 주십시오."새번역 네, 마르다는 예수님을 주님이라고 부르고 있습니다. 하지만 어떻습니까? 마르다는 정말 예수님을 주님으로 대접해 드리고 있습니까? 아닌 것 같습니다. 예수님을 주님이라고 부르고 있으면서도, 예수님을 은근히 비난하고 있습니다. 힘들게 일하고 있는 자신을 왜 생각해 주지 않으시냐면서, 왜 가만히 계시냐고 예수님을 원망하고 있습니다. "내 동생이 나 혼자 일하게 두는 것을 아무렇지 않게 생각하십니까?"

그리고 마르다는 예수님께 이렇게 하라고 말씀을 드립니다. "가서 거들어 주라고 내 동생에게 말씀해 주십시오." 예수님의 말씀을 듣는 것이 아니라, 예수님께 이렇게 하라고 말씀드리는 것입니다. 이는 예수님을 주님으로 모시는 사람의 태도가 아님

니다.

　또 마르다의 말을 가만 보십시오. 그 말을 들어 보면, 온통 자기 자신에 대한 말입니다.

　내 동생이 **나 혼자** 일하게 두는 것을 생각하지 아니하시나이까. 그를 명하사 **나**를 도와주라 하소서.

　영어 성경으로 보면 'my', 'me', 'by myself', 'me', 이렇게 자기를 가리키는 말이 네 번이나 등장하고 있습니다. **나**를 가리키는 말투성이지요. 성서는 이렇게 1인칭 대명사가 많이 등장하는 표현을 통해 자기 자신 안에 갇혀 있는 인간 실존의 모습을 묘사하곤 합니다.

　주님을 위해 일하고 있다는 마르다. 하지만 가만 보니 나, 나, 나로 가득합니다. 자기 문제에 빠져 있습니다. 자기 생각에 빠져 있습니다.

　그러나 마리아는 예수님에게 빠져 있습니다. 푹 빠져 있습니다. 예수님에게 푹 빠져서 예수님의 말씀을 듣고 있습니다. 자기가 예수님을 대접해 드려야 한다는 것도 잊고 말씀을 듣고 있습니다. 무슨 말씀이었을까요? 예수님은 마리아에게 무슨 말씀을 하셨을까요?

　저는 이런 생각을 해봅니다. 예수님이 이 땅에 오셔서 하신 모든 말씀은 결국 한마디로 **"하나님이 너를 사랑하신다"는 말씀**입니다. 하나님이 너를 하나님의 딸로 대접해 주신다는 말씀입니다. 하나님이 너를 하나님의 아들로 대접해 주신다는 말씀입니다. 이 말씀을 듣는 것이 너무 좋아서 마리아는 자기 집에 손님으로 오신 예수님을 대접해 드리는 것도 잊은 채 말씀을 들었을 것입니다.

그리고 마리아는 예수님에게서 눈을 뗄 수 없었습니다. 왜냐하면 예수님은 바로 하나님의 말씀, "내가 너를 사랑한다"는 하나님의 말씀이 육신이 되어 이 땅에 오신 분이시기 때문입니다. 예수님의 말씀을 듣고 또 예수님에게서 말씀을 보며, 마리아는 그렇게 예수님의 발치에 앉아 행복해했습니다. 가만히 행복해했습니다.

이런 마리아의 모습을 보여주면서, 본문 말씀은 우리에게 이렇게 말씀하시는 것 같습니다.

이것이 정말 예수님을 대접해 드리는 것이다.

"이것이 정말 예수님을 영접하는 것이다. 본문 38절은 마르다가 예수님을 영접했다고 하지만, 예수님을 정말로 영접한 사람은 마르다가 아니라 마리아다. 주님을 위해서는 이 일도 해야 하고 저 일도 해야 한다며 많은 일을 하며 많은 일로 염려했던 마르다가 아니라, 주님의 발치에 앉아 말씀을 들었던 마리아다. 많은 일로 염려했던 마르다가 아니라 한 분, 오직 한 분에 폭 빠졌던 마리아다."

염려한다는 것이 무엇인가요? 국어 사전을 찾아보면, 염려란 '마음을 놓지 못하는 것'이라고 정의하고 있습니다. 염려한다는 것은 마음을 놓지 못하는 것입니다.

마르다는 마음을 놓지 못하는 사람입니다. 왜 마음을 놓지 못하고 있습니까? 앞에서 살펴보았듯이 많은 일들 때문이지요. 해야 할 많은 일들 때문에 마음을 놓지 못합니다.

그러면 마리아는 어떤가요? 마리아를 보면 어떻습니까? 저는 마리아를 보면 이런 생각이 듭니다. 마리아는 **마음을 놓은** 사람 같습니다. 마음을 놓은 사람, 마음 놓을 곳을 찾아 마음을 놓은 사람, 주님의 발치에 앉아 마음을 놓은 사람. **예수님께** 마음을 놓은 사람, 주님께 마음을 놓고, 그래서 스스로 마음 놓고 행복해할 수 있는 사람, 마음 놓고 주님을 즐거워할 줄 아는 사람 같다는 생각이 듭니다.

반면 마르다는 행복했을까요? 그렇지 못한 것 같습니다. 마음을 놓지 못하기 때문입니다. 마음을 놓을 줄 모르고, 그래서 말씀을 들을 줄 몰랐기 때문입니다.

성서는 마음을 놓지 못하는 사람, 염려에 사로잡힌 사람은 말씀을 듣지 못한다고 말씀하고 있습니다. 누가복음 8장에서 예수님은 씨 뿌리는 자의 비유를 말씀하시면서, 가시덤불 속에 떨어진 씨는 그 가시덤불 때문에 기운이 막혀 자라지 못한다고 하셨습니다. 우리가 알듯이, 여기서 씨란 하나님의 말씀을 가리키지요. 그렇다면 가시덤불 속에 떨어진 씨는 가시덤불 때문에 기운이 막혀 자라지 못한다는 말씀은 무슨 뜻일까요? 예수님이 뜻을 밝혀 주셨습니다. 씨가 가시덤불에 떨어진다는 것은 사람이 말씀을 들으나, 그 사람 마음속 **염려**가 기운을 막아 버리는 바람에 그 말씀 씨앗이 자라지 못하고 죽어 버리는 경우를 말하는 것이라고 말씀해 주셨습니다.

여기서 '기운을 막는다'는 말은 직역하면 '숨을 막는다'는 뜻입니다. '질식시킨다'는 말입니다. 염려는 질식시킵니다. 말씀을 질식시킵니다. 내 안에 들어오는 말씀을 질식시킵니다.

내 안에 말씀이 질식하면 내 영혼도 질식합니다. 왜냐하면 인간 영혼은 말씀으로 사는 것이기 때문입니다. 인간 영혼은 하나님의 입에서 나오는 모든 말씀, 요약하면 한마디로 "내가 너를 사랑한다"는 하나님의 말씀으로 사는 것이기 때문입니다.

이 말씀을 듣지 못하면 사람은 행복할 수 없습니다. 아무리 창고에 떡이 가득하고 사람들에게서 좋은 말을 많이 듣는다 해도, 사람은 하나님의 입에서 나오는 그 사랑의 말씀을 듣지 못하면 결코 행복할 수 없습니다.

하지만 주님은 마르다들에게 끊임없이 말씀을 주십니다. 영혼이 거의 질식해 버린 것 같은 마르다들에게 염려에 갇혀, 자기 문제에 갇혀, 자기 생각에 갇혀 자기 자매를 비난하는, 자기 형제를 비난하는, 심지어 주님도 원망하는 마르다들에게 주님은 지금도 말씀하십니다.

어떻게 말씀하십니까? "마르다야, 마르다야" 이름을 부르며 말씀하십니다.

마르다야, 마르다야,
내게로 오라.
내게로 와 마음을 놓거라.
내 발치로 와 앉거라.
앉아서 그 자리에 마음을 놓거나

나에게 마음을 놓거라.

마음을 놓고 내 말을 듣거라.

내가 너에게 하는 말,

다른 누가 아니라 바로 너를 향해 내가 하는 말을 듣거라.

그러면 살 것이다.

네가 정말로 살아날 것이다.

행복을 알 것이다.

참행복을 알 것이다.

일 때문에 행복해지고 불행해지기도 하는

그런 행복이 아니라

참행복,

나 때문에 행복한 그런 행복.

일 없이도 행복할 수 있고

행복해서 일을 하는 행복을 알 것이다.

이것이 바로 정말 필요한 일이다.

이것이 바로 정말 네게 필요한 한 가지 일**one thing necessary**이다.

겨자씨 한 알만한

사도들이 주께 여짜오되 우리에게 믿음을 더하소서 하니 주께서 이르시되 너희에게 겨자씨 한 알만한 믿음이 있었더라면 이 뽕나무더러 뿌리가 뽑혀 바다에 심기어라 하였을 것이요 그것이 너희에게 순종하였으리라. 눅 17:5-6

이르시되 너희 믿음이 작은 까닭이니라. 진실로 너희에게 이르노니 만일 너희에게 믿음이 겨자씨 한 알만큼만 있어도 이 산을 명하여 여기서 저기로 옮겨지라 하면 옮겨질 것이요 또 너희가 못할 것이 없으리라. 마 17:20

예수께서 그들에게 대답하여 이르시되 하나님을 믿으라. 내가 진실로 너희에게 이르노니 누구든지 이 산더러 들리어 바다에 던져지라 하며 그 말하는 것이 이루어질 줄 믿고 마음에 의심하지 아니하면 그대로 되리라. 막 11:22-23

여러분, 어떻게 하면 산을 움직일 수 있을까요?

어느 날, 제자들이 예수님께 이런 청을 드립니다. "우리에게 믿음을 더하여 주십시오."눅 17:5, 새번역 "믿음이 더 많아졌으면 좋겠습니다. 믿음이 더 커졌으면 좋겠습니다" 하는 그런 청이었지요.

왜 그런 청을 드리는 것일까요?

앞에 산이 놓여 있기 때문입니다. 산 같은 문제가, 산 같은 과제가 내 앞에 떡하니 버티고 있기 때문입니다. 내 힘으로는 옮길 수 없는 산이, 꿈쩍도 하지 않는 산이 내 앞에서 길을 막고 있기 때문입니다.

그래서 청합니다. 믿음을 청합니다. 산을 옮길 만한 믿음, 산처럼 큰 믿음을 청합니다. "주님, 우리에게 믿음을 더하여 주십시오. 믿음이 커지게 해주시옵소서. 큰 믿음을 주시옵소서."

그냥 "주시옵소서" 한 것이 아니라, 용을 쓰면서 말했을 것 같습니다. 어쩌면 믿음을 키우기 위해, 믿음이 커지도록 하기 위해 용을 쓰며 소리질렀는지도 모릅니다.

그런데 이런 용쓰는 소리를 들으시는 예수께서는 뭐라고 말씀하실까요? 본문 말씀에서 예수님은 이렇게 말씀하십니다. 뜻밖의 말씀을 하십니다. 우리를 어리둥절하게 만드는 말씀을 하십니다.

> 주님께서 말씀하셨다. "너희에게 겨자씨 한 알만한 믿음이라도 있으면, 이 뽕나무더러 '뽑혀서, 바다에 심기어라' 하면, 그대로 될 것이다."6절. 새번역

같은 말씀을 마태복음은 이렇게 전하고 있습니다.

내가 진정으로 너희에게 말한다. 너희에게 겨자씨 한 알만한 믿음
이라도 있으면, 이 산더러 '여기에서 저기로 옮겨 가라!' 하면 그대
로 될 것이요, 너희가 못할 일이 없을 것이다. 17:20. 새번역

예수님의 이 말씀을 우리는 자칫 오해하기 쉽습니다. 우리
말 번역으로 보자면, 마치 예수님이 제자들에게 이렇게 말씀하
시는 것 같습니다.

믿음을 더하여 달라니, 무슨 소리냐? 지금 너희에게는 겨자씨 한
알만큼의 믿음도 없는데, 손톱만큼의 믿음도 없는데, 무슨 믿음이
더 커졌으면 좋겠다는 것이냐?

그러나 원문을 자세히 들여다보면, 지금 예수께서는 제자
들에게 "너희에게는 손톱만큼의 믿음도 없다"고 말씀하시는 것
이 아닙니다. 예수님의 말씀을 풀이하자면 요컨대 이런 말씀입
니다.

믿음을 더하여 달라니, 무슨 소리냐? 산을 옮길 만한 믿음을 달라
니, 무슨 소리냐? 이미 주었다! 산을 옮길 만한 믿음, 이미 너희에
게 주었다. 그런 믿음, 이미 너희에게 있다.

용을 쓰며 소리지르던 이들은 아마 어리둥절해졌을 것입니
다. "아니, 주셨다고요? 산을 옮길 만한 믿음을 이미 주셨다고
요? 제겐 그런 믿음이 없는데요? 산을 옮길 만한 그런 큰 믿음,

산처럼 큰 믿음, 제게는 없는데요? 예수님, 대체 지금 무슨 말씀을 하시는 것입니까?"

　어리둥절해하는 제자들에게 예수님은 또 이렇게 말씀하실 것 같습니다.

　　너는 오해하고 있구나. 믿음에 대해, 믿음의 힘에 대해 오해하고 있구나. 산처럼 큰 믿음이 산을 옮기는 것이 아니다. 산처럼 큰 믿음이라야 산을 옮기는 것이 아니다. 믿음은, 겨자씨 한 알만한 믿음도 산을 움직인다. 겨자씨 한 알만큼 작은 믿음도 산을 움직일 수 있다. 믿음은 그런 것이다. 믿음의 힘은 그런 것이다. 이런 믿음, 이미 너희에게 있다. 내가 너희에게 주었다. 내가 심어 주었다.

　제자들은 여전히 어리둥절했을 것입니다. 우리도 여전히 어리둥절해합니다.

　　그렇다면 주님, 왜 지금 우리는 산을 옮기지 못하고 있는 것인가요? 왜 우리 앞에 보이는 저 산은 저렇게 꿈쩍도 하지 않고 있는 것인가요? 왜 아무리 용을 써도 저렇게 꿈쩍도 하지 않아서, 지금 우리가 이렇게 답답하고, 힘들고, 지치고, 이렇게 우울하고, 속상하고, 한숨만 나오고, 눈앞이 캄캄한 것인가요? 왜 이렇게 꽉 막혀 있는 것인가요? 왜 이렇게 옴짝달싹 못 하고 있는 것인가요?

　　우리는 묻고 싶습니다. 묻지 않을 수 없습니다. 예수께서는 뭐라고 대답하실까요? 제가 묵상해 보기로 예수님은 이렇게 대

답하실 것 같습니다.

그건 너희가 찾지 못했기 때문이다. 너희 안에 있는 믿음을 찾지 못했기 때문이다. 내가 너희 안에 심어 준 믿음, 그 겨자씨 한 알 같은 믿음을 찾지 못했기 때문이다. 겨자씨 한 알 같은 믿음. 세상에서 가장 작은 씨인 겨자씨 한 알 같은 믿음. 너무 작아, 너무 세미한 것이라 잘 보이지 않는, 너희 자신의 눈에도 잘 보이지 않는 그 믿음. **눈을 씻고 찾아야** 비로소 보이는 그런 믿음. 그 믿음을 찾지 못했기 때문이다.

그 믿음을 찾으려면 어떻게 해야 하는지 아느냐? **눈을 씻어야** 한다. 큰 것, 거창한 것, 대단한 것에만 쏠렸던 눈을 씻어야 한다. 뭔가 특별한 것, 강력한 것, 특효 있다는 것만을 찾던 눈을 씻어야 한다. 그러면 보일 것이다. 네 안에 심겨진 그 믿음이 보일 것이다. 그 씨앗 같은 믿음, 바람을 타고 흩뿌려지는 씨앗같이 어느 날 네 마음속 깊이 심겨진 그 믿음, 그 작은 믿음, 작은 씨앗 같은 믿음, 작지만 신비한 생명을 품고 있는 진짜 믿음. 네가 용을 써 만들어 낸 믿음이 아니라, 너도 모르게 네 안에 심겨진 믿음. 억지로 주입시키는 그런 믿음 말고, 네가 밭을 갈다가, 네가 아이를 키우다가 갖게 된 믿음. 네가 사람들과 같이 울다가, 네가 사람들과 같이 웃다가 갖게 된 믿음. 내가 심어 준 믿음, 하늘이 심어 준 믿음, 자연스러운 은혜가 심어 준 믿음. 겨자씨 한 알 같은 믿음, 믿음이라고 할 것도 없어 보이는 믿음, 특별할 것 없어 보이는 믿음, 그러나 신비하게도 너도 모르게 네 마음 가장 깊은 곳에 자리하고 있는 믿음. 그 믿음이 보일 것이다.

그 세미한 믿음, 그 믿음 속으로 들어가라! 그 세미한 믿음 속
으로 들어가라! 너를 한없이 작게 만들어 그 믿음 속으로 들어가
라! 그 밖의 모든 것들은 다 치워 버려라! 잊어버려라! 네가 지금
껏 살면서 쌓아 온 그 모든 경험, 판단, 지식, 계산을 떨구어 버리
고, 또 그렇게 경험과 판단과 지식과 계산이 쌓이는 만큼, 같이 쌓
여 온 그 모든 두려움과 의심, 비겁과 냉소, 교만과 절망을 떨쳐 버
리고, 그 믿음, 그 작은 믿음만이 네가 알고 있는 전부인 양, 그것
이 네가 이 세상에서 태어나 배우고 확신하게 된 전부인 양, 그것
이 이 세상에서 가장 소중한 보물인 양, 그 겨자씨 한 알만한 믿음
속으로 들어가, 그 믿음 속에서 살아 보아라.

그 믿음대로 한번 살아 보아라. 그 믿음만큼 한번 살아 보아
라. 겨자씨 한 알만큼이라도 살아 보아라. 겨자씨 한 알만큼이
라도 믿음대로, 네가 정말 믿고 있는 그 믿음대로 살아 보아라. 그
러면 **기적**이 일어날 것이다! 네가 감히 꿈도 꾸지 못했던 일이 일
어날 것이다. 산이 움직일 것이다. 그렇게 꿈쩍도 하지 않던 산이
움직일 것이다. 너의 행복을 가로막고 있는 것처럼 보였던, 꽉 막
고 있는 것처럼 보였던 그 산이 움직일 것이다.

그 산이 왜 움직이는지 아느냐? **네가 움직였기** 때문이다! 꿈
쩍도 하지 않고 있던 네가 움직였기 때문이다. 요지부동이던 네가
움직였기 때문이다. 믿음으로 움직였기 때문이다. 경험과 지식에
만 의존해 움직이던 네가, 두려움과 의심에 쫓겨서만 움직였던 네
가 **믿음으로** 움직였기 때문이다. 믿음에 입각해, 믿음이 이끄는 대
로 움직였기 때문이다. 믿음만큼, 믿는 만큼 움직였기 때문이다.

여러분, 어떻게 해야 산을 움직일 수 있나요?

내가 움직이면 산이 움직입니다. 겨자씨 한 알만큼이라도 겨자씨 한 알만한 믿음만큼이라도 내가 움직이면, 믿음대로 움직이면, 믿음 때문에 움직이면 그 믿음은 산을 움직입니다. 왜 그렇습니까? 그 믿음이 나를 움직였기 때문입니다. 산처럼 무거운, 아니 태산처럼 무거운 나를 움직였기 때문입니다. 세상이 주는 겁을 잔뜩 집어먹고, 세상이 주는 욕심이 덕지덕지 붙어 있는 이 무거운 나, 내 못난 상처와 못된 습관 밖으로 도무지 한 치도 움직일 수 없었던, 한 치도 움직여 나가려 하지 않았던 이 무거운 나를 움직였기 때문입니다.

> 사도들이 주님께 말하였다. "우리에게 믿음을 더하여 주십시오." 주님께서 말씀하셨다. "너희에게 겨자씨 한 알만한 믿음이라도 있으면, 이 뽕나무더러 '뽑혀서, 바다에 심기어라' 하면, 그대로 될 것이다." 눅 17:5-6, 새번역

> 내가 진정으로 너희에게 말한다. 누구든지 이 산더러 '번쩍 들려서 바다에 빠져라' 하고 말하고, 마음에 의심하지 않고 말한 대로 될 것을 믿으면, 그대로 이루어질 것이다. 막 11:23, 새번역

뽑혀야 할 것은 뽑혀야 하고, 심겨야 할 것은 심겨야 하고, 옮겨져야 할 것은 옮겨져야 합니다. 그래야 우리가 살 수 있습니다. 정말 살 수 있습니다. 정말 사는 것처럼 살 수 있습니다.

그런데 주님은 말씀하십니다. 그 뽑혀야 할 것이 뽑히게 하

고 심겨야 할 것이 심기게 하고 옮겨져야 할 것이 옮겨지게 하
는 그 믿음, 그 산을 옮길 만한 믿음이 우리에게 있다고 말씀하
십니다.

여러분, 이런 믿음, 있습니까?

네, 있습니다! 이런 시가 있습니다.

불신앙은 없다!

불신앙은 없다!

땅 밑에 씨를 뿌리고 그것이

흙을 뚫고 올라오기를 기다리는 사람은 다

신을 믿고 있다!

신을 믿고 있다!

구름이 하늘을 뒤덮었을 때,

"조금만 참고 기다려라. 곧 찬란한 햇살이

구름을 뚫고 나올 것이다" 말하는 사람은 다

신을 의지하고 있다!

신을 의지하고 있다!

겨울 눈 덮인 들판 아래

미래의 추수가 말없이 자라는 것을 보는 사람은 다

신의 능력을 알고 있다!

신의 능력을 알고 있다!

잠자리에 누워

온몸과 마음을 푹 놓고 잠에 들 수 있는 사람은 다

신을 믿고 있다!

신을 믿고 있다!(앨프레드 울러, 「불신앙은 없다」)

왜 없는 척하십니까? 왜 믿음 없는 척하십니까? 왜 믿음이
부족한 척하십니까? 왜 산을 옮길 만한 믿음이 없는 척하십니
까?

있습니다. 이미 있습니다. 이미 믿음이 있습니다. 산을 옮길
만한 믿음, 이미 있습니다. 겨자씨 한 알 같은 믿음, 작디작은 믿
음, 눈을 씻고 찾아야 비로소 보이는 믿음, 믿음이라고 할 것도
없어 보이는 믿음. 소박하고, 단순하고, 착한 믿음, 하늘이 내 안
에 심어 준 믿음. 내가 밭을 갈다가, 내가 아이를 키우다가 갖게
된 믿음, 내가 사람들과 같이 울다가, 내가 사람들과 같이 웃다
가 갖게 된 믿음.

그 믿음, 그 믿음만큼 움직이면 움직일 수 있습니다. 산을
움직일 수 있습니다.

상상해 보십시오. 산이 움직이면 어떤 일이 일어나나요? 산
이 옮겨지면 어떤 일이 일어나나요?

세상이 열립니다. 새로운 세계가 열립니다. 탁 트인 세계, 드
넓은 세계, 더 이상 갇히지 않고, 눌리지 않고, 답답하지 않고, 우
울하지 않고, 지치지 않고, 한숨 쉬지 않고, 눈앞이 캄캄하지 않
은 세계.

믿음의 세계, 믿음으로 열리는 세계, 믿음으로만 열리는 세
계, 겨자씨 한 알만한 믿음으로도 열리는 세계.

그 세계가 보이십니까?

그 세계로 주님이 지금 저와 여러분을 부르고 계십니다.

삭개오

예수께서 여리고로 들어가 지나가시더라. 삭개오라 이름하는 자가 있으니 세리장이요 또한 부자라. 그가 예수께서 어떠한 사람인가 하여 보고자 하되 키가 작고 사람이 많아 할 수 없어 앞으로 달려가서 보기 위하여 돌무화과나무에 올라가니 이는 예수께서 그리로 지나가시게 됨이러라. 예수께서 그곳에 이르사 쳐다보시고 이르시되 삭개오야, 속히 내려오라. 내가 오늘 네 집에 유하여야 하겠다 하시니 급히 내려와 즐거워하며 영접하거늘 뭇 사람이 보고 수군거려 이르되 저가 죄인의 집에 유하러 들어갔도다 하더라. 삭개오가 서서 주께 여짜오되 주여, 보시옵소서. 내 소유의 절반을 가난한 자들에게 주겠사오며 만일 누구의 것을 속여 빼앗은 일이 있으면 네 갑절이나 갚겠나이다. 예수께서 이르시되 오늘 구원이 이 집에 이르렀으니 이 사람도 아브라함의 자손임이로다. 인자가 온 것은 잃어버린 자를 찾아 구원하려 함이니라. 눅 19:1-10

"저 양반, 저기 왜 올라갔을까?"
한 사람이 손가락질을 하며 옆사람에게 말합니다. 그가 손가락질하는 방향을 쳐다보니, 어떤 사람이 나무 위에 올라가 있습니다.

보니, 삭개오였습니다. 세리장 어른 삭개오였습니다.

"저 양반, 뭔가를 찾고 있는 모양인데?"

네, 나무 위의 삭개오는 뭔가 찾는 사람처럼 사방을 두리번두리번하고 있습니다. 삭개오는 지금 무엇을 찾고 있는 것일까요? 대체 무엇을 찾아 그렇게 높은 곳에 올라간 것일까요?

삭개오는 세리장이었습니다. 세리들 중에서도 장長, 높은 자리에 앉은 이였습니다. 하지만 삭개오가 앉은 그 자리는 사람들에게 손가락질받는 자리였습니다. 사람들이 손가락질하며 수군거리는 그런 자리였습니다. 왜 그렇습니까? 우리가 알듯이, 당시 세리는 지배국 로마에 바칠 세금을 동족들에게서 걷는 일을 하는 사람이었습니다.

사람들은 세리를 경멸했습니다. 지배국 로마를 위해 일하는 자, 더러운 이방 나라에 빌붙어 사는 자라는 것이었지요. 세리에게는 각 사람에게서 징수할 세금의 액수를 자신이 정할 수 있는 권한이 있었기 때문에, 사람들은 감히 그 앞에서는 그러지 못했겠지만, 등 뒤에서는 분명 경멸의 눈초리로 쏘아보았을 것입니다. 또 세리들은 세금 명목으로 걷어서는 사실 자신의 주머니를 채우는 부정 축재자인 경우가 허다했습니다.

사람들은 손가락질하며 수군거렸을 것입니다. "저 죄인. 저 더러운 죄인, 삭개오."

등 뒤에서 들려오는 그런 소리를 들을 때마다 삭개오는 무슨 생각을 했을까요? 부모가 지어 주었을 이름 '삭개오'는 히브리어로, '순전한 자', '착한 자'라는 뜻이었습니다. 하지만 삭개오는 지금 사람들에게 더러운 죄인이라 불리고 있습니다. 손가락질당하며 수군거리는 소리를 듣고 있습니다.

사람들은 그를 낮추어 봅니다. 하지만 그렇게 사람들이 자기를 낮추어 볼 때마다, 아마 삭개오는 마음속으로 더 높아져야겠다는 생각을 키우지 않았을까요? 돈을 쌓고 힘을 키워서, 세상에서 더 높은 자리에 올라가야겠다고 마음먹지 않았을까요?

과연 삭개오는 높은 자리에 올라갔습니다. 세리장이 되었습니다. 또 부자가 되었습니다. 권력도 쌓았고, 돈도 쌓았습니다. 하지만 그렇게 높이 쌓아 올린 권력과 돈 위에 앉았다고 해서 사람들이 그를 우러러보았을까요?

그렇지 않았을 것입니다. 그의 등 뒤에서 사람들은 여전히, 아니 오히려 더 그를 낮추어 보았을 것입니다. 그리고 사람들이 낮추어 보면 볼수록, 아마 삭개오는 더욱더 높아지려고 애썼을 것입니다. 더 큰 권력을 얻고, 더 많은 재산을 쌓아 높아지려고 애썼을 것입니다.

하지만 아무리 애쓰고 애써도, 높아지는 것은 삭개오의 집 담장과 삭개오의 마음의 담장일 뿐, 삭개오는 여전히 소인입니다. 사람들은 그를 낮추어 봅니다. 소인배라고 낮추어 봅니다.

아무도 찾아오지 않는 집, 그 으리으리한 집 거실에 혼자 앉아 있는 삭개오의 모습을 상상해 보십시오. 여러분도 저와 같이 한번 상상해 보시기 바랍니다. 값비싼 가구들로 둘러싸인 그 거실, 그러나 그 좋은 거실에서 삭개오가 혼자 술을 마시고 있습니다. 그 값비싼 술은 며칠 전 누군가 찾아와 선물로 주고 간 술입니다. 하지만 삭개오는 압니다. 너무도 잘 압니다. 그것은 사실 선물이 아니라는 것을 잘 압니다. 그것은 선물이 아니라 뇌물이었습니다. 힘있고 돈많은 자신에게 잘 보이려고 주고 간 뇌물이었지, 그것은 순전한 선물이 아니었습니다. 순전한 존경의 선물, 순전한 우정의 선물, 순전한 사랑의 선물이 아니었습니다.

값비싼 가구들로 둘러싸인 그 화려한 거실에서, 순전하지 않은 사람이 순전하지 않은 사람에게 순전하지 않은 선물로 주고 간 술을 혼자 마시고 있는 삭개오. 뭔지 모를 공허감이 찾아옵니다. 뭔가 잃어버린 것 같습니다. 뭔가 잃어버린 채 살고 있는 것 같습니다. 뭔가 정말 중요한 것을 잃어버린 채 살고 있는 것 같습니다.

삭개오는 두리번거립니다. 뭔가를 찾는 사람처럼 주위를 두리번거립니다. 그가 찾는 것은 무엇일까요? 그가 찾는 것은 알 수 없는 허함, 이 알 수 없는 두려움을 잊을 수 있게 해주는 무엇입니다. 인생을 잘못 살아온 것 같다는, 견디기 힘든 느낌을 지워버릴 수 있게 해주는 그 무엇입니다.

두리번거리는 그의 눈에 들어오는 것이 있습니다. 거실 탁자 한쪽에 얹혀 있는 신문, 지역 신문이었습니다. 손을 뻗어 신문을 집어 듭니다. 들어서 보니, 1면은 정치 기사였습니다. 삭개오는 기사를 읽습니다. 정치 이야기를 읽습니다. 읽어 보니, 과연 효과가 있습니다. 정말이지 정치 토론은 사람으로 하여금, 특히 '남자'로 하여금 자신을 괴롭히는 인생의 근본적인 질문들을 잊게 해주는 데 탁월한 효능이 있기 때문입니다. 삭개오는 정치 이야기에 빠져듭니다. 세상의 현실 이야기에 빠져서 잠시 자기 내면의 현실을 잊습니다.

그렇게 신문의 정치 면을 다 읽고, 경제 면을 살피고, 사회 면과 문화 면을 훑은 다음, 다음 장을 편 삭개오의 인상이 이내 조금 찌푸려집니다. 왜냐하면 그 장은 바로 종교 면이었기 때문입니다. 삭개오는 종교 면이 왠지 싫었습니다. 종교는 그 자체가 거북스러웠습니다. 아니 세상에, 정치 말고, 경제 말고, 문화 말고, 무언가 또 다른 현실이 존재한다는 생각, 보이는 세상이 전부가 아니고, 현실의 전부가 아니고, 또 다른 보이지 않는 세계가 있다는 생각 자체가 싫었습니다.

아니, 실은 **두려웠습니다**. 말로는 아무리 부인해도, 마음 한편에는 어쩌면 그것이 사실일지 모른다는 생각. 그런 세상이 존재하기는 존재하는 것 같다는 생각이 도사리고 있었기 때문입니다.

그러나 삭개오가 종교를 싫어했던 더 큰 이유가 있었습니다. 그것은 삭개오를 가장 많이 정죄하는 이들, 그를 가장 경멸에 찬 눈초리로 쳐다보는 이들, 가장 심한 말을 해대는 이들이 다름 아닌 종교인들, 종교에 열심 있는 자들이었기 때문입니다. 그래서 삭개오는 이번에도 종교 면을 그냥 덮으려고 했습니다.

그런데 살다 보면 우연이라고 말해 버리기 힘든 일들이 가끔 일어나지요. 우연인지 무엇인지, 종교 면을 덮어 버리려는 그 순간, 삭개오의 눈에 큼지막하게 들어오는 작은 기사가 하나 있었습니다. 예수라는 랍비가 내일 아침 삭개오가 사는 동네를 지나간다는 짤막한 소식이었습니다. 어쩌면 동네 어귀에서 말씀 사경회가 열릴 수도 있다는 뉴스였습니다.

예수, 나사렛 예수. 삭개오가 들어 본 이름이었습니다. 소문으로 들어 본 이름이었습니다. 소문의 내용은 이랬습니다. 예수는 다르다는 것이었습니다. 예수는 랍비, 종교계 인사인데, 여느 종교인들과 다르다는 것이었습니다. 뭔가 다르다는 것이었습니다. 말 한 마디를 해도 뭔가 다르고, 풍기는 인상도 다르다는 것이었습니다. 예수 선생이 하는 말은 단순한 설교가 아니라 **말씀**이라는 것이었습니다. 힘있는 말씀, 사람을 치유하는 힘을 가진 말씀, 악령을 제압하는 힘을 가진 말씀, 사람을 딴사람이 되게 만드는 힘을 가진 말씀이라는 것이었습니다. 무엇보다 예수는 여느 종교인들과는 달리 사람을 불쌍히 여기는 그런 분이라는 것이었습니다.

그런데 동시에 또 다른 소문도 들려왔습니다. 점점 더 많은 종교 지도자들이 예수 선생을 이단이라고 말하기 시작하고 있다는 것이었습니다. 예수는 지금 예루살렘으로 올라가고 있는 중인데, 아마 거기서 예루살렘의 기라성 같은 종교 지도자들과 논쟁이 붙을 것 같고, 그러면 모르긴 몰라도 큰 사달이 날 것 같다는 말도 들려왔습니다.

삭개오는 예수가 한번 보고 싶어졌습니다. 예수가 어떤 사람인지 보고 싶은 마음이 들었습니다. 그 말씀 사경회에 가보고 싶은 마음이 들었습니다. 말씀 사경회니 부흥회니 전도 집회니 예배니, 평소에는 거들떠보지도 않는 종교 모임인데, 참 이상하지요. 삭개오의 마음에 거기에 한번 가보고 싶은 마음이 들었습니다. 자기도 알 수 없는 마음이 들어왔습니다.

다음 날 오전 11시, 삭개오는 어떤 돌무화과나무 위에 올라가 있습니다. 세리장 삭개오, 다 큰 어른이 아이처럼 나무 위에 올라가 있습니다. 삭개오는 왜 그렇게 나무 위에 올라갔을까요?

키가 작았기 때문이지요. 많은 사람들이 예수님을 보겠다고 몰려와서, 키 작은 삭개오는 예수님을 보기 어려웠습니다. 그래서 그는 나무 위로 올라갔습니다. 아이처럼 나무 위에 올라갔습니다. 아이처럼 나무 위로 올라간 삭개오…….

저는 성서의 이 장면을 묵상하며 이런 상상을 해봅니다. 그렇게 아이처럼 나무 위로 올라간 삭개오, 어쩌면 그 순간 자신의 어린 시절이 떠오르지 않았을까요? 나무 위에도 올라가며 동무들과 어울려 즐겁게 놀던 어린 시절 생각이 떠오르지 않았을까요? 하루 종일 동무들과 어울려 나무도 타며 즐겁게 놀다 보면, 어느 순간 나무 밑에서 이런 음성이 들려오곤 했지요.

삭개오야, 삭개오야, 얼른 내려오너라. 집에 가자. 집에 가서 밥 먹자.
엄마, 친구들이랑 같이 가도 돼?
그럼, 그럼. 다 데려오너라. 다 같이 먹자. 다 같이 나누어 먹자.

바로 그 순간, 순수했던 어린 시절, 행복했던 어린 시절을 떠올리며 웃음을, 쓴웃음을 짓고 있던 그 순간, 돌무화과나무 아래서 한 음성이 들려옵니다. 삭개오를 전율시키는 음성이었습니다.

삭개오야!
삭개오야!

삭개오야! 내려와라. 얼른 내려와라.

삭개오야!

순전한 삭개오야!

착한 삭개오야!

내 아들 삭개오야!

내려와라! 얼른 내려와라!

집에 가자!

같이 집에 가자!

주님이 오신 것입니다. 주님이 찾아오신 것입니다. 주님이 삭개오를 찾아오신 것입니다! 삭개오를 알고 계신 주님께서, 삭개오의 이름을 알고 계신 주님께서 삭개오를 찾아오신 것입니다.

왜 오셨습니까?

삭개오를 찾으러 오신 것입니다. 진짜 삭개오를 찾으러 오신 것입니다. **잃었던** 삭개오를 찾으러 오신 것입니다!

> 예수께서 그곳에 이르사 처다보시고 이르시되 삭개오야, 속히 내려오라. 내가 오늘 네 집에 유하여야 하겠다 하시니. 5절

삭개오는 그저 예수가 어떤 사람인지 한번 보려고 온 것이었습니다. 한번 알아보려고 온 것이었습니다. 그런데 알고 보니 예수께서 예까지 오신 것은, 다름 아니라 나를 찾아오신 것이었습니다! 나를 아시는 주님께서, 내 이름을 알고 계신 주님께서 내 사연을 아시며, 내 눈물을 아시며, 내 상처를 아시며, 내 죄를

아시며, 내 약함을 아시는 주님께서, 다른 사람이 아닌 바로 나를 만나시기 위해서 오신 것이었습니다. 나를 찾으러, 나를 되찾으러 오신 것이었습니다. 삭개오를 되찾으러, 순전한 삭개오, 착한 삭개오, 하나님의 아들 삭개오를 되찾으러 오신 것이었습니다.

성서는 삭개오가 어떻게 했다고 말씀하고 있습니까?

삭개오는 급히 내려왔습니다. 급히 내려와서, 삭개오는 예수님을 영접했습니다. 주님을 영접했습니다. 즐거워하며 주님을 영접했습니다. 마치 어머니의 품에 안기는 어린아이와 같이, 자신을 찾아와 한없는 사랑의 음성으로 자신의 이름을 불러 주시는 어머니의 품을 향해 달려가 안기는 어린아이와 같이, 삭개오는 즐거워하며 주님을 영접했습니다.

주님의 품에 안긴 삭개오. 삭개오는 달라졌습니다. 삭개오는 이제 예전의 삭개오가 아닙니다. 삭개오는 더 이상 욕심 많은 어른이 아닙니다. 욕심 많고 불행한 어른이 아닙니다. 삭개오는 이제 착한 아이 삭개오입니다. 하나님의 품 안에서 행복한, 착한 아이 삭개오입니다. 착한 아이 삭개오가 말합니다.

주님, 보십시오. 이제 내 것의 절반을 가난한 사람들에게 나누어 주겠습니다. 또 내가 누구에게서 빼앗은 것이 있으면, 네 배로 갚아 주겠습니다.8절 참조

거듭난 것이지요. 다시 태어난 것입니다. 진짜 삭개오로 다시 태어난 것입니다. 삭개오의 고백을 들으신 주님은 이렇게 말

씀하십니다. 아니, 외치십니다. 왜 죄인의 집을 찾아가 머무느냐고, 자신을 향해 손가락질하며 수군거리는 이들을 향해 이렇게 외쳐 말씀하십니다.

> 보느냐, 보느냐. 오늘 구원이 이 집에 이르렀도다. 이 사람도 아브라함의 자손임이로다. 인자가 이렇게 온 것은, 잃어버린 자를 찾으려 함이니라. 잃어버린 자를 찾아 구원하려 함이니라.9-10절 참조

여러분, 혹 무언가 잃어버린 것 같다는, 무언가 정말 중요한 것을 잃어버린 채 살고 있는 것 같다는 느낌을 갖고 계십니까? 그렇다면 여러분은 지금 여러분 자신을 찾고 계신 것입니다. 잃어버린 여러분 자신을 찾고 계신 것입니다.

아니, 사실 **주님이** 여러분을 찾고 계신 것입니다. 주님이 여러분을 부르고 계신 것입니다. 여러분의 **이름을** 부르고 계신 것입니다.